Ernest Duvergier de Hauranne

La Démocratie
et
le Suffrage universel

essai

ISBN : 978-1533555397

10 9 8 7 6 5 4 3 2 1

Ernest Duvergier de Hauranne

La Démocratie
et
le Suffrage universel

essai

Table de Matières

I. Les théoriciens du droit de suffrage

La sage réforme électorale qui vient de s'accomplir en Angleterre ne ressemble pas à ces mesures hâtives que l'on improvise au lendemain des révolutions. Elle n'est pas née tout d'un coup, sur un sol fraîchement remué par la guerre civile, comme ces champignons qui poussent dans l'espace d'une pluie d'orage ou comme une Minerve sortant tout armée du cerveau de Jupiter. Rien ne se fait chez nos voisins qui ne soit le produit d'une délibération mûre et approfondie. De tous les changemens que le parlement britannique a pratiqués depuis quarante ans dans la constitution d'Angleterre, il n'y en a pas un seul qui soit venu par surprise, et qui n'ait été préparé longtemps d'avance par l'opinion du pays. La raison d'ailleurs en est saisissante et bien facile à concevoir pour tout homme de bon sens : c'est à sa grande liberté que l'Angleterre est redevable de l'esprit conservateur qui préside à ses destinées ; sa liberté est ce qui la préserve de ces révolutions prématurées et soudaines que nous avons le tort d'imputer en France aux agitations de la vie publique. S'il ne s'élève pas en Angleterre de ces factions menaçantes dont la secrète espérance est de renverser par la force le gouvernement qui leur déplaît, c'est qu'il n'y a pas non plus en Angleterre une seule doctrine politique dont il soit interdit de souhaiter le triomphe, une seule opinion qu'il ne soit permis de soutenir et de prôner ouvertement ; c'est que les lois ne condamnent aucun moyen de propagande, aucune forme d'opposition régulière et pacifique ; c'est que les diverses opinions, libres de se combattre à ciel ouvert sous la protection du droit public, se garderaient bien d'abandonner ces voies légales où elles marchent si librement pour se frayer des voies souterraines qui seraient à la fois moins honorables et moins sûres. Voilà pourquoi la dernière réforme a été si lente à s'accomplir. Sans parler ni des longs débats qu'elle a soulevés dans le parlement, ni des imposantes manifestations populaires qui ont fini par en décider le succès, il y a longtemps qu'elle préoccupe cette classe de penseurs et d'esprits sérieux qui, sans être des hommes d'état, apportent quelquefois dans l'étude de certaines questions particulières une sagacité et une profondeur assez rares chez les hommes politiques de profession. Tandis que les tribuns populaires haranguaient sur les places publiques, et

Ernest Duvergier de Hauranne

que le parlement, indécis, applaudissait tour à tour les adversaires et les partisans de la réforme, ces savans, ces philosophes, retirés au fond de leur cabinet, travaillaient à éclaircir les vrais principes de la justice électorale, et à frayer la voie pour les réformistes de l'avenir. Si leurs travaux n'ont eu qu'une médiocre influence sur les dispositions de la dernière loi, ils n'en ont pas moins mis en relief des vérités qu'il nous importe de connaître, et qui feront certainement leur chemin.

Il ne faut pas s'imaginer que l'excès du bon sens pratique étouffe chez les Anglais le génie spéculatif. Autant ils apportent de circonspection et de prudence dans les questions législatives, autant ils sont dogmatiques et intrépides dans le domaine de la pensée pure. Notre littérature politique moderne n'a rien à comparer ni aux ingénieux traités de M. Stuart Mill sur le gouvernement représentatif, ni aux solides travaux de M. Hare sur la représentation des minorités, ni à l'impartiale exposition de principes du professeur Lorimer sur le droit de suffrage. A voir la timidité singulière avec laquelle nous abordons les questions qui nous ont passionnés jadis, il semble que nous ayons perdu jusqu'à cette activité intellectuelle qui faisait la gloire de l'esprit français. Tandis que chez nous les vérités les plus élémentaires sont remises en question tous les jours, les Anglais creusent, approfondissent, vont à la découverte des idées nouvelles. Après avoir donné des leçons au monde, on dirait que notre tour est venu d'en recevoir nous-mêmes, et c'est auprès d'une nation étrangère que le pays de Montesquieu doit aller apprendre à épeler la science de la liberté.

La science politique est aujourd'hui superflue dans notre bienheureux pays de France, semble-t-on nous dire depuis quinze ans. Qui ne sait en effet qu'après une enfance tardive et une adolescence orageuse, la nation française est arrivée à l'âge d'homme, et qu'elle marche enfin sans lisières dans toute la liberté et toute la maturité de son génie ? Qui ne sait que l'histoire de France a trouvé depuis quinze ans sa conclusion définitive, et que la génération moderne a tranché sans effort toutes les questions surannées qui troublaient autrefois l'inquiète imagination de nos pères ? Notre temps a fait justice d'une scolastique nuageuse, bonne tout au plus à fournir des sujets de déclamation vaine à ceux que tourmente le sot désir de se mêler des affaires publiques.

I. Les théoriciens du droit de suffrage

Il a tellement simplifié les ressorts de la société française, qu'elle n'a plus aujourd'hui qu'à cheminer sur la voie qu'on lui trace sans même essayer de regarder où on la mène. Quel profit d'ailleurs aurions-nous à ouvrir les yeux ? Notre condition n'est-elle pas enviable entre toutes ? De tant de problèmes qui ont autrefois agité la France, en est-il un seul que nous n'ayons pas résolu ou écarté dédaigneusement de notre route ? De quel intérêt peut nous être aujourd'hui la question théorique du droit de suffrage ? Nous n'avons plus, Dieu merci, aucune réforme électorale à débattre. C'est dans les bras de la démocratie que nous avons trouvé le repos et le silence dont nous étions affamés. Le grand art du gouvernement de la France, et ce qui le rend supérieur à tous les régimes passés, c'est qu'il a su donner au torrent de la démocratie ce mouvement paisible et régulier qui fait l'admiration et l'envie des monarchies infectées de libéralisme, où la royauté n'est plus qu'un vain mot. La France a trouvé le secret de concilier le nom séduisant de la démocratie avec les réalités bienfaisantes du pouvoir le plus fort et le plus personnel que nous ayons eu depuis cinquante ans. C'est ce qui rend inutiles tous ces systèmes de législation savante par où les habitans des pays libres cherchent à protéger et à régler tout à la fois l'usage de leurs libertés. A quoi bon tant de théories sur le droit de suffrage, tant de garanties pour son indépendance ou de précautions contre ses excès, dans un pays où les électeurs regardent comme un devoir de ratifier sans discussion le choix que le gouvernement leur a dicté, dans un pays où les candidats eux-mêmes ont souvent donné l'exemple de la plus noble soumission en se retirant modestement de l'arène lorsque l'administration dans sa sagesse leur avait enlevé ses faveurs ? N'avons-nous pas vu, il y a peu de temps, un candidat vertueux déclarer à ses électeurs qu'il sacrifiait son ambition personnelle « à sa déférence pour le principe d'autorité ? » Ce sont des choses qui ne se voient qu'en France, et qui doivent nous inspirer une sécurité profonde en même temps qu'un légitime orgueil. Tant que cette vertu républicaine n'aura point péri parmi nous, rien ne sera impossible au gouvernement de la France, et il pourra continuer sans péril son ingénieuse expérience sur le tempérament de notre pays.

Voilà ce que nous répète le chœur harmonieux des voix officielles, et ce que la France à son tour essaie de se dire pour se rassurer. La

Ernest Duvergier de Hauranne

France en effet ne demande qu'à rester confiante. Comme ces âmes incertaines que tourmente le besoin de croire, et qui emploient les moyens recommandés par Pascal pour retenir leur foi fugitive, la France aime à repousser par des pratiques de dévotion machinale les doutes involontaires qui viennent quelquefois l'assaillir. Elle fait un peu comme ces personnes braves qui chantent pour se donner du courage en marchant dans l'obscurité. Moins satisfaite du présent qu'alarmée sur l'avenir, tous les changemens l'épouvantent, et elle refuse de les prévoir pour n'avoir pas à s'en inquiéter. On ne sait pas où l'on va, et personne n'ose éclairer la voie. Il ne faut pas chercher d'autre cause à la stérilité humiliante qui afflige aujourd'hui l'esprit français. Quand une nation ne souffre pas qu'on lui parle de son avenir, quand elle aime à se laisser enfermer dans des murailles bien closes et à borner sa vue à l'étroit horizon de chaque jour, il n'est pas étonnant que la flamme de la pensée vienne à languir et à s'éteindre dans l'air étouffé de cette prison. Les rares écrivains qui protestent encore contre la torpeur universelle en subissent malgré eux la contagion. Leur éloquence est toujours aussi grande, elle emprunte même au sentiment de leur isolement et de leur faiblesse quelque chose de plus sincère, de plus noble et de plus touchant ; mais la vie s'est comme retirée de leurs œuvres en même temps que la liberté se retirait des affaires publiques. A travers leurs regrets et leurs aspirations généreuses, on entrevoit une espèce de fatalisme découragé, un stoïcisme à la fois sans défaillances et sans illusions. Ils écrivent plutôt pour éclairer les souvenirs du temps passé que pour exercer une influence sérieuse sur le présent ou sur l'avenir.

Ce sentiment malsain de notre impuissance a d'ailleurs donné naissance à une théorie fort ingénieuse, et qui fournit une excuse commode à notre insouciance politique. Nous nous plaisons à professer que les destinées des nations échappent à la volonté des hommes, et qu'il faut avoir perdu l'esprit pour essayer d'en changer le cours. Après nous être longtemps figuré que la raison était toute-puissante sur les choses humaines, et que, pour transformer la société française, il suffirait de changer le texte des lois, nous avons pris l'habitude de regarder les affaires de notre pays comme un spectacle étranger où nous ne pouvons jouer aucun rôle, et où nous devons bien nous garder de paraître. Nos institutions, considérées trop souvent comme des mécanismes que

I. Les théoriciens du droit de suffrage

nous pouvions à volonté réformer ou détruire, passent à présent pour l'application des lois providentielles et pour l'expression naturelle de notre génie national. On conçoit ce que cette opinion a de commode dans un pays où l'obéissance est devenue le plus saint des devoirs, et la patience la première des vertus. Elle enseigne la résignation à ceux que le joug blesse encore ; elle encourage dans leur indifférence ceux qui s'y sont accoutumés. Le pouvoir même doit applaudir à une doctrine qui le divinise et qui représente ses caprices comme les décrets éternels de la Providence ; mais elle ne peut convenir à un peuple qui se gouverne lui-même, qui, comme le peuple d'Angleterre, a toujours eu, depuis qu'il existe, la prétention vraie ou fausse, l'orgueilleuse illusion, si l'on veut, d'être le seul instrument de sa destinée. S'il est vrai que les Anglais s'abusent, si le libre arbitre dont ils croient jouir n'est au fond qu'une vaine apparence, c'est du moins par leurs propres mains que leur destinée s'accomplit. Ils ne peuvent ni s'endormir dans l'inutile regret du passé, ni ériger en système là lâche imprévoyance de l'avenir. Chacune de leurs théories sociales est en même temps un acte politique. Il ne leur suffit pas de s'abandonner à des rêveries vagues et d'énoncer des vérités générales sans pourvoir aux difficultés et aux détails de l'application. Leurs systèmes ne sont pas des abstractions nues qu'ils lancent au hasard dans le champ des controverses sans même songer à les mettre en œuvre. Les penseurs les plus aventureux de l'Angleterre n'hésitent pas à dresser le plan de leur utopie avec toute l'exactitude d'un architecte ou d'un ingénieur ; leur hardiesse spéculative tient justement aux exigences de leur bon sens positif. C'est parce qu'ils ont le dédain des théories pures qu'ils éprouvent le besoin de donner à tous leurs aperçus cette précision scrupuleuse qui en fait mieux ressortir les avantages pu les défauts.

Quand les Anglais veulent juger une idée nouvelle, la première et la plus importante question qu'ils s'adressent est non pas de savoir si elle est en règle avec certaines doctrines abstraites, mais *how it works*, c'est-à-dire comment elle marche, et quels en seront les résultats positifs. Ils n'ont aucun goût pour cette métaphysique téméraire qui s'élance au hasard sans savoir où elle s'arrêtera, et qui éveille les désirs sans avoir le moyen de les satisfaire. Ils ne croient pas qu'un système politique soit une œuvre d'art qu'il faille

Ernest Duvergier de Hauranne

admirer pour sa symétrie ou pour sa beauté ; ils croient que c'est un ouvrage d'utilité publique qui doit s'estimer par ses produits. Telle est pour eux la pierre de touche. Aux yeux des *tories* comme aux yeux des *whigs*, aux yeux des radicaux comme aux yeux des conservateurs, le meilleur des gouvernemens n'est pas celui qui répond le mieux à certaines théories aristocratiques ou démocratiques ; c'est celui qui garantit le mieux le respect des droits privés et des libertés publiques, celui qui favorise le plus le progrès du bien-être et des lumières. Là-dessus tous les partis sont d'accord, ils ne diffèrent que sur les moyens. Si les conservateurs anglais s'attachent avec ardeur au maintien des anciennes formes de leurs institutions représentatives, c'est qu'ils y voient le solide rempart de leurs libertés. Si les démocrates eux-mêmes recommandent à leur pays la forme du gouvernement démocratique, c'est parce qu'elle leur paraît être (et ce sont les propres paroles de M. Stuart Mill) « la forme de gouvernement pratiquement la meilleure. » Ils tiennent moins à la souveraineté du peuple qu'à sa liberté et à son bonheur, que du reste ils ne séparent point de la justice et de la raison, ou plutôt ils ne vantent cette souveraineté même que comme la seule expression de la justice et comme la condition nécessaire de la liberté. Oserons-nous le dire enfin ? ces démocrates anglais ne sont après tout que des doctrinaires d'une espèce nouvelle. Ce nom, qui a soulevé chez nous tant de querelles et qui répugne si fort à la démocratie française, pourrait s'appliquer aujourd'hui aux hommes qui tiennent en Angleterre le drapeau de l'égalité.

Tel est le caractère commun des travaux importans qui se sont publiés depuis quelques années sur le droit de suffrage. Aucun de ces travaux n'arrive isolément à une solution satisfaisante de cette question si rebattue et toujours si obscure, aucun surtout ne réussit à combiner un système dont l'organisation pratique soit en parfaite harmonie avec les principes qui le dirigent ; mais quand on les prend tous ensemble et qu'on les enveloppe d'un même coup d'œil, on s'aperçoit qu'ils répandent sur ce difficile problème une lumière plus nette et plus vive que tous les sophismes vulgaires dont nous nous sommes payés depuis vingt ans. C'est dans leur compagnie que nous allons parcourir la route un peu plate et un peu aride où nous sommes forcés de nous engager.

I. Les théoriciens du droit de suffrage

I

Le principe de la souveraineté populaire, si longtemps obscurci par l'idée monarchique ou féodale, a reparu dans les temps modernes sous la forme nouvelle du gouvernement parlementaire ou représentatif. Le pouvoir que le citoyen des républiques anciennes exerçait directement dans l'assemblée du peuple, il l'exerce maintenant par le droit du suffrage et par le procédé de l'élection. Des institutions représentatives sérieuses, avec le cortège de *libertés nécessaires* qui les accompagne, sont à la fois le signe le plus frappant de la civilisation des peuples et l'objet commun de leurs ambitions les plus légitimes. Non-seulement le gouvernement représentatif est le plus en honneur chez les hommes éclairés de notre âge, mais on peut dire qu'il est devenu la condition naturelle de toutes les nations civilisées. Cette vérité presque banale s'impose à ceux même qui la trouvent gênante, et dont le plus vif désir est de la méconnaître. Tous nos gouvernemens ont la prétention de s'appuyer sur la volonté nationale et de l'associer dans une juste mesure à la direction des affaires publiques. S'ils aiment à diminuer le rôle des assemblées représentatives, ils en conservent au moins l'apparence, et ils rendent hommage au principe qu'ils s'efforcent d'éluder. Personne n'ose plus contester l'existence même de ces conseils qui sont, pour ainsi dire, l'âme des nations modernes ; mais beaucoup de gens les considèrent comme un mal inévitable qu'il faut réduire autant que possible et contenir dans des bornes étroites, puisqu'on ne peut plus s'en délivrer tout à fait.

Que ces ennemis, de jour en jour plus rares, des institutions représentatives voient avec chagrin les progrès continuels de la démocratie moderne, rien n'est au fond plus naturel, et rien ne saurait moins nous étonner. Il serait surprenant au contraire que ceux qui craignent la liberté politique et qui ne s'y résignent qu'à la condition d'en réserver la jouissance au petit nombre ne s'élevassent pas de toutes leurs forces contre une doctrine qui se propose l'extension indéfinie du droit de suffrage à la multitude. Il n'en est pas de même de ceux qui. admirent sincèrement les institutions libres. Ceux-là ne peuvent, sans se démentir, faire une guerre de système au mouvement démocratique de notre âge. S'ils voient dans le gouvernement représentatif autre chose qu'un expédient temporaire ou une nécessité de l'époque présente, s'ils le regardent aussi comme un instrument de progrès, comme un moyen d'élever l'intelligence, la moralité et la dignité des peuples, ils doivent souhaiter avec ardeur que les bienfaits de ce gouvernement se répandent dans les classes populaires, et pénètrent successivement jusqu'aux derniers rangs de la société. Ou bien les partisans de la liberté ont tort de croire que l'exercice régulier des droits politiques est la seule école où les nations puissent apprendre à discerner leurs intérêts véritables et à remplir dignement leurs devoirs, ou bien ils doivent reconnaître le grand, l'évident avantage qu'il y a pour un peuple libre à initier la foule des citoyens à la connaissance et à la pratique de la liberté. Qu'ils se l'avouent ou se le déguisent, les vrais libéraux, s'ils restent conséquens avec eux-mêmes, sont en même temps les amis les plus sûrs de la démocratie moderne. Ils peuvent déplorer ces révolutions prématurées où la démocratie n'a remporté un court et sanglant triomphe que pour servir de masque à la dictature et fournir un prétexte à la destruction de nos libertés. Ces tristes souvenirs leur ont laissé peut-être contre la démocratie quelques défiances et quelques rancunes inspirées par leur amour même du bien public ; toutefois il ne peut y avoir entre les libéraux et les démocrates aucun de ces antagonismes de principes que leurs ennemis communs inventent pour les diviser. Le libéralisme, pris dans le sens le plus large, est le principe même de la vraie démocratie. Celui-là n'est pas un libéral sincère que la démocratie en elle-même épouvante, et qui n'appelle pas de ses vœux le jour où elle méritera d'être émancipée. En un mot, la démocratie est le couronnement naturel de la liberté.

C'est surtout par des considérations de ce genre que les écrivains de l'école radicale anglaise recommandent la diffusion des droits politiques. L'un d'eux et le plus célèbre, M. John Stuart Mill, n'estime et n'admire les institutions démocratiques que parce qu'elles sont un moyen puissant d'éducation populaire. L'expérience en effet nous démontre et la raison nous enseigne que le gouvernement démocratique est celui qui développe le plus l'intelligence et l'activité des citoyens. Quels qu'en soient d'ailleurs les inconvéniens ou les vices, ses adversaires les plus décidés sont obligés de reconnaître le mouvement énergique et rapide qu'il imprime à la société tout entière. Quand tout le mérite des institutions, populaires serait

I. Les théoriciens du droit de suffrage

d'ouvrir à la concurrence une carrière illimitée et d'accoutumer les citoyens à ne compter jamais que sur eux-mêmes, ce simple avantage rachèterait à lui seul tous leurs défauts. La concurrence démocratique étouffe peut-être certaines existences débiles qui ont besoin pour se soutenir d'une protection particulière et privilégiée ; mais combien ne stimule-t-elle pas en revanche d'entreprises qui resteraient stériles et de talens qui resteraient cachés ! Le plus grand mal du gouvernement absolu n'est pas tant dans les violences qu'il commet ou dans les injustices qu'il tolère que dans les habitudes de soumission et d'inertie passive qu'il encourage chez ceux qui le servent. De même la liberté dépend encore moins des institutions qui régissent les peuples que des mœurs, des caractères et de l'esprit public. Aux États-Unis, par exemple, avec des institutions imparfaites, une population toujours mouvante et des traditions mal fixées, que de prodiges n'a pas enfantés la seule vertu du gouvernement populaire ! En France au contraire, que de fois n'avons-nous pas fait l'expérience du peu que valent les droits écrits quand la nation tout entière n'est pas prête à se lever pour les défendre ! La loi qui, sous l'empire d'une opinion publique libérale, entre les mains de juges éclairés et honnêtes, semblait inoffensive ou même favorable à la liberté, devient tout à coup l'instrument du despotisme quand le despotisme triomphe, et qu'il remet la justice à des mains tyranniques ou serviles. Ce qui, importe à la grandeur et à la prospérité des peuples, ce n'est pas tant d'inscrire de belles maximes au frontispice de leurs constitutions que de former de vrais hommes libres, des citoyens énergiques, capables de prendre en main leurs affaires et de veiller avec un soin jaloux à la conservation de leurs libertés.

Voilà pourquoi il est salutaire d'associer au gouvernement, sinon toujours la nation tout entière, du moins la plus grande partie possible de la nation. A ces raisons d'utilité viennent se joindre aussi des raisons de justice. Les classes populaires ont le droit d'exiger qu'on leur accorde une part équitable du pouvoir politique. S'il faut leur donner le suffrage, ce n'est pas seulement parce qu'il est mauvais qu'elles soient en dehors des affaires publiques, c'est surtout parce qu'il est juste qu'elles fassent sentir leur influence dans les conseils du pays.

Les adversaires de la démocratie ne veulent jamais reconnaître que le pouvoir électoral puisse être l'objet d'un droit naturel. C'est, disent-ils, un privilège, une fonction que la société confère aux plus dignes, un devoir important qu'elle leur impose, et dont ils portent la responsabilité devant le pays. A leurs yeux, il n'y a de droits réels que ceux qui intéressent la vie, la liberté, la propriété de chacun, et le mécanisme représentatif n'est qu'un moyen ingénieux d'en assurer la jouissance ; le peuple n'a rien de plus à réclamer que le libre exercice de ses droits privés. Pour tout dire en un mot, on lui refuse le droit de se gouverner lui-même, mais on lui concède en revanche celui d'être bien gouverné.

Est-il besoin de faire ressortir tout ce que cette distinction subtile renferme d'équivoque et de contradiction ? On a vraiment peine à croire que tant de bons ou éminens esprits puissent se reposer sur la foi d'une théorie aussi fragile. Que devient en effet le droit d'être bien gouverné, si l'on n'accorde pas au peuple le droit de choisir ceux qui le gouvernent ? Si d'ailleurs la fonction électorale est un privilège que la société confère aux plus dignes, qui donc a le droit de représenter la volonté sociale dans l'exercice de cette prérogative souveraine ? Sur quel principe supérieur s'appuiera l'autorité d'où découleront tous les pouvoirs ? Si c'est la capacité qui est le principe du droit, qui donc alors se fera le juge de cette capacité même ? Faut-il en croire la multitude, qui réclame à grands cris le droit de suffrage, ou le petit nombre, qui prétend s'en réserver uniquement la possession ? Si enfin les classes éclairées qui ont en main le pouvoir sont maîtresses de le partager ou de le garder pour elles, s'il leur est permis de le refuser indéfiniment aux classes populaires, ce n'est donc plus une fonction temporaire, c'est un droit permanent dont elles sont revêtues. Ce droit, d'où leur vient-il, et qui le leur a donné ? Est-ce un monarque, est-ce une aristocratie, est-ce la conquête, est-ce la guerre civile ? Ce que nous appelons du nom de droit n'est plus qu'un fait ancien consacré par l'usage et maintenu par la force brutale. Or ce fait lui-même ne peut nous paraître légitime que si nous le rattachons à l'idée du droit. On voit qu'il y a là un cercle vicieux, un labyrinthe dont nous ne pourrions jamais sortir, si nous ne tenions à la main ce fil d'Ariane, l'idée du suffrage populaire considéré comme un droit.

Il faut l'affirmer, au risque de blesser certains libéraux sincères, mais illogiques dans leurs croyances, le droit de suffrage est un

I. Les théoriciens du droit de suffrage

droit positif, ni plus ni moins que le droit de propriété, le droit de la puissance paternelle, ou le droit de publier son opinion. Non-seulement c'est un droit positif, c'est encore un droit naturel, que les lois ont pu reconnaître, mais qu'elles ne purent jamais inventer. Nous ne voulons pas dire par là que le droit d'élire nos représentans ait existé historiquement avant qu'il y eût des assemblées représentatives, pas plus que le droit de propriété n'existait lui-même avant que l'homme n'eût pris possession de la terre : si naturels et si incontestables que soient les droits sur lesquels la société repose, ils n'ont pu se passer des faits matériels qui leur ont donné l'occasion de se produire. Nous ne voulons pas dire non plus que le droit de voter soit une de ces libertés absolues et primordiales, comme la liberté de penser ou comme le droit d'aller et de venir, qui s'exercent naturellement d'elles-mêmes, et dont l'usage est inviolable, parce qu'elles existent dès l'état de nature, et qu'elles ont leurs racines dans la conscience de chacun. Par cela même que le droit de suffrage ne se développe qu'à la faveur d'une organisation politique savante, il doit être soumis à certaines règles et àcertaines restrictions pratiques qui sont une nécessité de son usage même. Si la capacité n'est pas l'origine du droit, elle en est au moins le signe extérieur. Comme l'a dit Royer-Collard avec sa mâle précision, « le droit est antérieur ; les capacités sont la condition sous laquelle s'exerce le droit commun à tous. » Ajitant nous repoussons ces doctrines grossières et immorales qui ne voient dans la faculté du suffrage qu'un privilège et un fait légal, autant nous craignons de nous confondre avec ces idéaliste, à outrance qui croient que l'usage du droit de voter est inséparable de la personne humaine, et qu'il suffit d'avoir une âme immortelle pour y être appelé sans conditions. Nous fuyons modestement ces hauteurs métaphysiques d'où nous ne pourrions plus redescendre sur la terre. Les raisons qui nous décident sont beaucoup plus humbles et beaucoup plus prosaïques. Peut-être ne sont-elles pas de nature à satisfaire tous nos démocrates ; nous avouons cependant qu'elles nous paraissent plus solides et plus concluantes que les déclamations un peu banales dont se contentent certains admirateurs fanatiques du suffrage universel.

Nous partons de ce fait généralement admis, que le pouvoir politique est la garantie nécessaire des droits et des intérêts privés.

Ernest Duvergier de Hauranne

Nous nous demandons ensuite comment il peut se faire que cette garantie ne soit pas inséparable du droit qu'elle protège, et qu'elle soit refusée systématiquement à une classe quelconque de la société humaine. Il est évident que chaque citoyen, fût-ce même le plus humble, est un membre de la société. Si pauvre et si chétif qu'on le suppose, il a des droits à faire valoir, des devoirs à remplir, des charges à supporter, des intérêts personnels associés aux intérêts publics, et il ne serait pas juste de lui refuser le moyen de les défendre. Puisqu'une part de son existence est engagée dans celle de l'état, il a le droit d'obtenir en revanche une certaine part d'influence sur les affaires du pays. C'est là une de ces vérités évidentes qu'il suffit d'énoncer pour qu'elles soient prouvées. Personne ne peut contester sérieusement que le suffrage ne soit lui-même un droit, lorsqu'il est la garantie nécessaire de tous les droits du citoyen. Tout va bien tant qu'on se promène dans le jardin des théories ; nulle hésitation, nulle équivoque ne vient obscurcir la lumineuse rigueur des principes ; mais quand on passe à l'application, les difficultés se multiplient, les dangers apparaissent, et peu s'en faut que le droit illimité du suffrage, au lieu d'être une garantie pour les droits de chacun, ne soit au contraire un piège pour la démocratie et la liberté.

Toutes les nations ne sont pas mûres pour pratiquer la démocratie sans restriction. Il y en a peu dont les mœurs politiques soient assez avancées pour le permettre. Il y en a même dont l'ignorance et dont l'inertie sont si grandes que le gouvernement populaire n'y est qu'une comédie vaine, et que les progrès apparens de la démocratie ne profitent encore qu'au pouvoir absolu. Ces nations ne doivent-elles pas, dans l'intérêt de la liberté même, exclure du droit du suffrage ceux qui ne sont pas capables d'en comprendre l'importance et l'utilité ? N'y a-t-il pas d'ailleurs dans toutes les sociétés humaines un certain nombre d'ignorans et d'incapables qu'il serait dangereux d'associer à l'exercice d'un pouvoir aussi grave ? Et parce que des lois prudentes auront fait subir au droit de suffrage quelques restrictions nécessaires, faut-il dire qu'il a perdu le caractère d'un droit naturel pour devenir, suivant le point de vue où l'on se place, soit un privilège octroyé, soit une révoltante usurpation ?

Il n'est pas de règle qui ne doive quelquefois fléchir. La loi civile

I. Les théoriciens du droit de suffrage

a ses incapables tout aussi bien que la loi politique. Cependant personne ne s'est jamais avisé que la liberté individuelle fût méconnue parce qu'un interdit ne peut vendre ses biens, un mineur contracter mariage sans le consentement de son père, ou un aliéné circuler librement dans les rues. Il est admis de tout le monde que les personnes incapables, sans renoncer pourtant à aucun de leurs droits, sont remplacées légalement par celles que la société commet au soin de les défendre. De même, en politique, la loi ordonne que les incapables délèguent à leurs concitoyens l'exercice de tous les droits dont ils ne peuvent user sans détriment pour la chose publique et pour eux-mêmes. Ces droits d'ailleurs, ils les conservent, il les exercent même indirectement par l'organe de la société, leur tutrice, et ils les exerceront par eux-mêmes le jour où ils rempliront les conditions attachées, suivant la belle expression de Royer-Collard, « à la confiance de la loi. »

Ces restrictions, lorsqu'elles se bornent à certains cas d'incapacité manifeste, n'ont rien qui déplaise à la véritable démocratie ; mais elles révoltent la conscience de certains démocrates de la dernière heure, en même temps grands admirateurs du principe d'autorité, qui, après avoir combattu toute leur vie pour le maintien du cens électoral, se sont pris depuis quinze ans d'un amour immodéré pour le suffrage universel. Avec le zèle de tous les pécheurs repentans, ces hommes ne veulent pas souffrir qu'on mette la moindre limite à l'exercice de ce droit sacré. Ne leur dites pas que certaines classes d'électeurs peuvent manquer d'indépendance ou de lumières, que par exemple les malades dans les hôpitaux, les indigens à l'assistance ou même les soldats en congé ne jouissent pas absolument de toute la liberté désirable pour émettre un vote indépendant. Tout ce qui a figure humaine leur paraît capable de voter avec intelligence et impartialité. Ils préfèrent même à cet égard les électeurs ignorans et illettrés des campagnes aux électeurs éclairés des grandes villes. Les amis de l'autorité semblent avoir découvert que, pour la délivrer du contrôle gênant des libertés publiques, il n'est point nécessaire d'abolir les institutions représentatives et de retirer au pays le droit de suffrage : il suffit de le donner à tout le monde indistinctement.

Les démocrates anglais n'ont pas la même prédilection pour l'ignorance. Il y en a bien peu qui n'accordent que le droit de suffrage admet quelques exceptions. Ceux même qui prêchent le suffrage viril, le *manhood suffrage*, en opposition au *rating suffrage* ou suffrage fondé sur le paiement de l'impôt, attachent cependant cette pleine virilité politique à certaines conditions indispensables. M. Stuart Mill, toujours fidèle à cette idée, que le principal avantage du gouvernement populaire est de servir à l'éducation et à l'élévation du peuple, voit même dans le droit de suffrage la récompense du progrès intellectuel et moral. Il fait de la société politique une école permanente où le pouvoir est le prix d'une espèce d'examen, et où chacun peut parvenir en prouvant sa capacité. La lecture, l'écriture et le calcul lui paraissent le minimum de science qu'on puisse demander à un électeur. Il voudrait même, si c'était possible, exiger quelques connaissances générales d'un ordre plus élevé. S'il se contente de ces notions élémentaires, c'est qu'elles sont les seules que l'on puisse constater aisément.

L'ignorance n'est pas le seul défaut que la démocratie ait à redouter. Le plus grand danger de cette forme de gouvernement, comme de toutes les autres, est la prédominance possible de l'intérêt particulier d'une classe sur l'intérêt général du pays. Quelle que soit la bonne harmonie qui règne entre les classes, il y en a presque toujours une qui domine et dont l'intérêt devient la loi suprême. Lors même que les révolutions ont fait passer sur un peuple le niveau de l'égalité, il y a toujours une sorte d'opposition naturelle entre la richesse et la pauvreté. Quand les classes riches sont au pouvoir, il est à craindre qu'elles ne méconnaissent l'intérêt des pauvres ; quand les classes pauvres s'en emparent, il faut craindre qu'elles n'en abusent pour opprimer et ruiner les riches. Il est toujours difficile de tenir la balance égale entre ces deux élémens nécessaires de toute société civilisée. Or il arrive souvent que les assemblées qui sont investies de la souveraineté populaire ne sont pas l'image fidèle de la nation ; elles ne représentent que celle des deux classes qui se trouve en majorité dans le corps électoral. M. Hare, dans son remarquable ouvrage sur la représentation des minorités, démontre même fort bien que les assemblées élues peuvent souvent ne représenter que la minorité du pays. Si dans chaque collège électoral la majorité se déclare en faveur du même parti, la chambre sera exclusivement composée de représentans de la majorité ; au sein de cette chambre ainsi élue, le pouvoir appartiendra à une majorité partielle qui pourra n'être elle-même qu'une minorité dans le pays. C'est ce qui arrive en Angleterre dans les *trade's unions*, ces associations d'ouvriers où l'autorité centrale est si forte, et où elle tombe aux mains des hommes les plus violens et les plus corrompus. C'est ce qui est arrivé aux États-Unis quand, à la faveur d'un grand mouvement national, le parti radical a pu s'emparer du pouvoir et le conserver plusieurs années sans représenter pourtant la majorité du pays. Tel est aussi, suivant M. Hare, le défaut de toutes les sociétés où les élections se décident par la simple loi des majorités. Ce n'est plus alors la nation qui se gouverne elle-même ; il y a deux factions toujours armées qui ne songent qu'à se renverser l'une l'autre, et qui se disputent le gouvernement comme une proie. Le sanctuaire des lois devient un champ de bataille où tous les moyens sont bons pour réussir. La discussion pacifique et impartiale des intérêts du pays fait place à des luttes de partis qui empoisonnent la conscience publique. Ce qu'on appelle un parti n'est plus une réunion d'hommes honnêtes guidés par des principes et par des convictions communes, c'est une bande d'aventuriers rassemblés par hasard sous la même bannière et retenus par leurs intérêts bien plus que par leurs opinions. Les électeurs enrégimentés en viennent à consulter beaucoup moins leur conscience que l'espoir matériel du succès ; ce qu'ils poursuivent n'est pas tant le triomphe des idées qu'ils préfèrent que la défaite de l'ennemi qu'ils haïssent le plus. Ceux qui ne consentent pas à faire le sacrifice de leurs affections ou de leurs croyances personnelles n'ont d'autre ressource que de s'abstenir et de rester en dehors des affaires publiques. Il faut qu'ils deviennent des instrumens, s'ils ne veulent être des esclaves ; il faut qu'ils se façonnent à la discipline, ou qu'ils signent eux-mêmes leur abdication.

C'est en effet de cette manière que le gouvernement populaire dégénère parfois en démagogie. Si l'on trouvait un moyen convenable d'assurer aux minorités une représentation suffisante, les assemblées ne pourraient plus commettre ces actes de violence ou de folie qui les ont trop souvent déshonorées. Faut-il, par exemple, comme on l'a proposé bien des fois, réserver aux minorités un tiers de la représentation nationale en donnant trois députés à chaque collège, et en ne permettant pas à chaque électeur d'en désigner plus de deux à la fois ? Vaut-il mieux accorder trois voix à chaque électeur en lui permettant de les donner toutes les trois au même candidat ? Ces deux procédés, quoique soutenus à diverses reprises dans le parlement d'Angleterre par des hommes aussi considérables que lord Russell et lord Grey, ont toujours déplu à la fois et aux conservateurs des traditions anciennes, ennemis naturels de toutes les innovations hasardeuses, et aux théoriciens, qui leur reprochent de n'assurer à la minorité qu'une représentation arbitraire et inexacte. A plus forte raison ne peuvent-ils pas convenir aux exigences doctrinaires de notre démocratie française. Il n'y a que le système de M. Hare qui puisse avoir la prétention de satisfaire dans tous ses scrupules le rigoureux esprit de justice des théoriciens du droit de suffrage. Reste à savoir si ce bel échafaudage peut résister au choc de l'expérience, et si le principe sur lequel il s'appuie ne doit pas lui-même être attaqué.

L'idée fondamentale de la théorie de M. Hare consiste à substituer au principe de la représentation locale celui de la *représentation personnelle*, qui est à son avis le seul véritable, le seul compatible avec l'unité des nations modernes, avec l'intégrité des droits de la personne humaine et avec le progrès de la civilisation. Il propose donc d'abolir toutes les circonscriptions électorales et de faire nommer les députés en masse par le pays tout entier, de manière à détruire la force des majorités locales et à obtenir une représentation sincère de la majorité du pays. Mais comment organiser ces vastes élections nationales ? Comment les préserver du désordre et de la confusion qui ne manqueront pas de s'y produire, si l'on ne découvre pas un moyen de les soumettre à des règles simples et précises ? M. Hare croit en avoir trouvé le secret : il suffirait, pense-t-il, de fixer d'avance le nombre de voix nécessaire pour faire une élection en divisant le nombre des votans par celui des sièges à remplir. Pour éviter les dangers du scrutin de liste et l'oppression des minorités, bien plus redoutable encore dans une élection pareille à raison de son unité même, on ne permettrait pas à chaque électeur de nommer plus d'un candidat. Pour empêcher que les suffrages ne se réunissent inutilement sur les mêmes têtes, il faudrait que chaque électeur mît sur son bulletin de vote une liste de plusieurs candidats inscrits par rang de préférence, de manière à fournir des députés de rechange dans le cas où les premiers inscrits auraient déjà obtenu le nombre de voix nécessaire pour être élus. Tel est en résumé ce système minutieux, compliqué et un peu obscur, que nous ne voulons pas examiner en détail.

L'idée même qui le domine ne nous paraît pas parfaitement vraie. Il ne nous semble pas qu'il soit désirable de retirer aux élections ce caractère local contre lequel M. Hare dirige tous ses efforts. Les théoriciens ont beau dire que dans les élections générales les citoyens ne doivent s'attacher qu'aux questions qui intéressent le pays tout entier, et qu'en donnant une si grande part dans la représentation nationale à l'influence et à l'intérêt des localités on empêche les électeurs de s'élever à cette hauteur de vues qui est nécessaire pour bien juger des intérêts généraux : c'est méconnaître tout à fait les conditions du gouvernement représentatif que de se figurer que les élections générales puissent être indépendantes des opinions et des intérêts locaux, ou que les choix puissent devenir plus sages le jour où les électeurs cesseront de chercher autour d'eux l'homme le plus digne de les représenter. Non-seulement les intérêts locaux, il faut l'avouer avec tristesse, sont trop souvent, dans un pays comme le nôtre, le seul levier qui puisse atteindre et remuer un peu l'opinion publique, mais ce sont des puissances légitimes dont il faut reconnaître l'influence et qui ont le droit de se faire entendre dans les conseils du pays. M. Mill, qui partage ici l'opinion de M. Hare, nous répond avec mépris qu'il ne s'agit, « non de représenter les briques et les pierres, mais de représenter les personnes humaines. » Qu'on y songe, les briques et les pierres ne sont pas toujours des choses inanimées ; elles sont aussi des personnes morales, elles sont du moins le signe visible des intérêts communs qui lient ensemble les habitans d'une même ville où d'une même province. Pour obtenir la représentation complète et sincère de toutes les opinions du pays, le mieux est encore de conserver la variété bienfaisante des influences locales. Au lieu de s'acharner sur la prétendue tyrannie des petites majorités partielles, il faut les respecter comme le seul contre-poids de la grande, comme le dernier et précieux refuge que le gouvernement de la démocratie offre encore à l'indépendance des minorités.

La théorie de la *représentation personnelle* a encore d'autres défauts plus graves. Il n'y a sans doute aucun mal à chercher dans notre esprit le mécanisme le plus propre à introduire une équité rigoureuse dans le système électoral. Cependant il ne faudrait pas dénaturer le gouvernement représentatif et désarmer l'opinion

Ernest Duvergier de Hauranne

publique sous prétexte de l'affranchir. Or c'est là justement ce que fait M. Hare lorsqu'il se propose d'empêcher la compétition du pouvoir et d'annuler la puissance des grands partis organisés. Qu'un théoricien élevé à l'ombre de la centralisation française et nourri des idées fausses de l'école du *Contrat social* prenne en horreur l'organisation des partis et du fond de son cabinet d'étude lui voue une guerre implacable, que naïvement il s'imagine avoir travaillé pour la liberté quand il a réduit les citoyens à l'isolement et à l'impuissance, cette erreur est pardonnable dans un pays où malheureusement les mots passent avant les choses ; mais un Anglais, élevé au milieu des agitations de la vie publique, ne devrait pas ignorer que la compétition du pouvoir est la condition nécessaire du jeu des institutions représentatives, et, pour ainsi parler, l'âme elle-même de la liberté. On peut en dire ce qu'un grand orateur disait naguère de la liberté de la presse : « elle ne fait pas l'opinion publique, mais elle fait qu'il y en a une. » Elle l'empêche de s'endormir et de rester stagnante, elle conserve l'unité et elle entretient la vie dans les membres de ce grand corps flottant et dispersé. C'est elle qui, en stimulant tous les jours les convictions des citoyens, oblige la conscience publique à s'interroger, à se connaître, à se rendre compte de ce qu'elle pense et de ce qu'elle veut ; c'est elle qui leur enseigne à sortir de leur faiblesse individuelle et à trouver dans l'association de leurs intérêts communs la force qui leur manque isolément. Ces rapprochemens mêmes des opinions hostiles rassemblées sous la même bannière contre un ennemi commun, ces mutuelles concessions qu'elles doivent se faire pour rester unies, ce sacrifice raisonnable de leurs prédilections particulières à une nécessité d'un ordre supérieur, cette discipline qu'elles subissent afin d'arriver plus vite au but qu'elles se proposent, ce sont là autant de garanties sérieuses pour l'exercice pacifique et régulier de la liberté. Sous une apparence de désordre et de guerre civile, l'organisation des partis et les luttes permanentes qu'ils se livrent sont encore le meilleur moyen d'assurer à un pays libre la sécurité, l'union et la paix. S'imagine-t-on par hasard que la bonne harmonie serait plus grande dans les assemblées souveraines, si les représentans de chacune des opinions qui se combattent dans le pays y arrivaient la tête haute, résolus à ne rien céder de leurs convictions personnelles et à ne rien abdiquer des prétentions de

I. Les théoriciens du droit de suffrage

leur parti ? C'est alors que le gouvernement représentatif serait regardé avec justice comme un état d'anarchie et d'impuissance. Tandis que le pouvoir s'épuiserait dans des troubles stériles, le peuple apprendrait à mépriser ses institutions et à négliger ses affaires. Le gouvernement représentatif manquerait à son objet même ; ce ne serait plus qu'une vaine apparence qu'il vaudrait autant supprimer.

Gardons-nous donc de proscrire ces luttes de partis et d'influences dont le mouvement salutaire fait la force et la grandeur des pays libres. Il est fort beau assurément de rêver à quelque Salente parlementaire où le peuple saurait exercer ses droits sans violence, et où les opinions les plus diverses pourraient s'accorder sans discussion ; en pratique, cet idéal admirable ne serait pas autre chose que l'universelle indifférence et l'asservissement universel. Partout où il existe un corps électoral et une nation qui se gouverne elle-même, vouloir la calmer et l'endormir, c'est vouloir annuler sa puissance. Partout au contraire où les institutions et les mœurs maintiennent l'activité de ces luttes bienfaisantes, de grandes fautes peuvent être commises, mais elles ne sont pas irréparables, et l'avenir n'est jamais perdu. Ce n'est ni à l'affaiblissement des influences locales ni à la désorganisation des grands partis politiques qu'il faut demander la protection que les minorités réclament. Peut-être pourrons-nous la demander au système du *vote plural* ou *cumulatif*.

L'idée de ce système n'est pas nouvelle ; elle consiste, comme son nom même l'indique, à donner à certaines personnes deux, trois ou plusieurs votes, et à proportionner le pouvoir politique à l'importance ou à la capacité de chacun. C'est ce qui se faisait dans l'ancienne Rome, alors que les quatre-vingt-dix-huit centuries de la classe patricienne valaient plus à elles toutes seules que les cinq autres classes réunies, tandis que la classe des *prolétaires*, refoulée tout entière dans la dernière centurie, n'avait plus dans les élections qu'une influence illusoire. C'est ce qui existe aujourd'hui même en Angleterre dans les élections des *vestries* ou conseils de paroisses, des *poor law guardians* et de certains corps municipaux où le nombre des suffrages dont chacun dispose se mesure à l'importance de sa contribution pécuniaire. La même chose se passe, quoique dans une moindre mesure, aux élections du parlement. On sait que les universités jouissent d'une représentation particulière sans que leurs membres soient pourtant exclus du droit de suffrage qu'ils peuvent exercer ailleurs en qualité de simples citoyens. De même certains propriétaires inscrits à divers titres dans plusieurs collèges peuvent voter plusieurs fois en se transportant de l'un à l'autre. Tel est le principe qu'il s'agit de régulariser et d'étendre sans blesser les doctrines de l'égalité moderne.

On ne veut en faire, bien entendu, qu'une application fort restreinte. M. Mill, qui voit dans l'intelligence le fondement même du droit de suffrage, ne réclame le bénéfice du vote *cumulatif* qu'en faveur de certaines personnes d'une capacité ou d'une éducation supérieure. Il incline à penser que non-seulement le privilège des universités doit être maintenu, mais qu'il faudrait en constituer de semblables au profit de tous les corps scientifiques, et peut-être même conférer directement un double ou triple vote à tous ceux dont la position démontre suffisamment les lumières. Il ne serait même pas éloigné de faire subir aux électeurs qui seraient désireux de monter en gracie une série d'examens conférant des diplômes et des degrés divers. Son vif instinct démocratique ne l'empêche pas de repousser les conséquences choquantes d'une égalité trop absolue. Son bon sens n'admet pas que le suffrage du chef d'une grande industrie pèse exactement du même poids que celui du moindre de ses apprentis, qu'un avocat distingué ou un homme politique vieilli dans les affaires n'exerce pas une plus grande influence qu'un valet d'écurie ou un piqueur de bœufs ; mais il réserve à la seule intelligence tout le bénéfice de la pluralité des votes. Quant à la richesse, il ne consent à l'admettre à la participation de ce privilège que parce qu'elle est en général une présomption d'intelligence et un signe de capacité.

Il ne faudrait pas s'arrêter en si beau chemin. Quand une fois on est entré dans cette voie, on doit la parcourir jusqu'au bout. Puisqu'en ce moment nous faisons de la théorie pure, au moins faut-il que cette théorie soit rigoureuse et irréprochable. Il faut que le principe qui nous guide soit évidemment conforme à l'idéal. Or l'idéal d'un système de suffrage (s'il est permis d'accoupler des mots qui hurlent de se trouver ensemble), l'idéal d'un système de représentation parfaite n'est ni la démocratie pure, ni le gouvernement de l'intelligence, ni le suffrage restreint d'aucune espèce, ni même le suffrage universel ; c'est la forme de représentation où chacune des existences et chacune des forces sociales obtiendrait une part de pouvoir exactement proportionnelle à sa valeur. Le droit de suffrage universel et égal pour tous peut être une nécessité politique ou une convenance sociale, — nous verrons même plus loin qu'il n'offre pas dans la pratique tous les inconvéniens et tous les dangers qu'on lui prête ; — mais il est évident qu'en théorie pure ce n'est pas précisément l'équité parfaite. L'égale répartition du pouvoir n'est pas moins contraire à la véritable égalité, c'est-à-dire à la justice, que l'égale répartition des biens et des jouissances sans égard au mérite et aux services rendus. Nous n'avons pas besoin de répéter que la nature ne nous a pas tous coulés dans le même moule et ne nous a pas tous fait passer sous le même niveau ; elle a établi entre nous des différences de force, d'intelligence, de volonté, de caractère, et la société confirme ces inégalités naturelles en y attachant certains privilèges. Tout a été dit sur la distinction bien connue de l'égalité matérielle, qui dans l'ordre de la nature serait l'injustice même, et de l'égalité morale, qui est l'expression même de la justice. C'est sur ce principe de la justice distributive que doit se faire la répartition du pouvoir politique, comme celle des charges nationales imposées à chaque citoyen. De même qu'une proportionnalité rigoureuse entre les charges et les fortunes serait la seule base équitable d'un impôt idéal, de même le suffrage universel et égal pour tous doit être considéré, en théorie pure, comme une injustice analogue à celle de l'impôt progressif. Il importe assurément que tous les citoyens soient représentés, mais tous-ne peuvent pas l'être et ne doivent pas l'être également. L'homme ignorant et illettré qui pense rarement aux affaires publiques, si même il a le temps d'y penser jamais., ne doit pas occuper dans l'état la même place que l'homme éclairé qui en fait son étude et sa préoccupation de tous les jours. Le pauvre, qui ne fournit à l'état qu'une somme insignifiante, et qui n'a presque rien à conserver ni à perdre, ne peut ni ne doit avoir une importance politique égale à celle du riche fabricant dont l'industrie nourrit toute une ville, du grand banquier dont la signature est dans toutes les mains, ou de l'opulent propriétaire qui paie assez, d'impôts pour défrayer le budget d'un canton. Ceci d'ailleurs n'est qu'une conséquence du principe que nous avons établi plus haut. Chacun,

Ernest Duvergier de Hauranne

disions-nous, a droit à une part de représentation en. tant qu'il a
une part d'intérêt engagée dans la gestion des affaires publiques.
N'en ressort-il pas avec évidence que cette part de représentation
doit être en bonne justice proportionnée rigoureusement à
l'importance de cet intérêt ?

C'est ce qu'a fort bien compris M. James Lorimer dans son ouvrage
intitulé *le Constitutionnalisme de l'avenir*. Ce livre en effet contient
la formule la plus équitable et la plus complète de la théorie du
droit de suffrage. M. Lorimer n'est point un de ces réformateurs
intrépides qui se flattent de pouvoir corriger l'œuvre divine et
refondre la nature à leur image. C'est à ses yeux une entreprise
chimérique et folle, comme celle de l'homme qui, au lieu de tailler
son habit à sa mesure, essaierait de refaire sa taille à la mesure de
son habit. La meilleure organisation politique doit être calquée
sur le plan de la nature ; un système représentatif irréprochable
serait celui qui, pour ainsi dire, « photographierait la société. »
Le problème consiste à trouver, comme on dit en métaphysique,
l'expression adéquate « de tous les pouvoirs de la société tels
qu'ils existent, et non pas à les rapprocher d'un modèle de justice
imaginaire ou véritable. » Il faut, comme le dit M. Lorimer dans son
langage abstrait et concis, considérer la société « dynamiquement
et non numériquement, » c'est-à-dire voir en elle une association
de forces individuelles de valeur inégale, et non pas un troupeau
qu'on évalue par tête. Pour organiser la société d'après cette idée,
il faudrait la diviser en classes, comme dans les institutions de
Servius Tullius, avec cette différence pourtant que la richesse ne
serait pas le seul élément du pouvoir, et que la science, l'intelligence,
la position, les services rendus, l'âge, le caractère, la moralité,
l'expérience, tout ce qui peut enfin contribuer à l'importance et à
la valeur d'un homme devrait servir à déterminer la mesure du
droit de chacun. Ce système est fort séduisant tant qu'on demeure
dans les régions de la science idéale et de la pure justice ; quand on
veut le mettre en pratique, il présente des difficultés au moins aussi
grandes que la théorie de M. Hare. M. Lorimer en effet ne veut pas
qu'on établisse, comme autrefois à Rome, des classes proprement
dites, enfermées dans leurs frontières, et jouissant chacune d'une
influence déterminée dans l'état. Une pareille institution blesserait
à la fois et l'équité philosophique, qui jusqu'à présent nous a servi

I. Les théoriciens du droit de suffrage

de guide, et le vif sentiment d'égalité dont sont animées les nations modernes. C'est donc à chaque citoyen qu'il faudra mesurer individuellement la part de pouvoir qui doit lui revenir, et cette part variera sans cesse dans le cours de sa vie, avec son âge, avec sa fortune, avec les connaissances nouvelles qu'il peut acquérir. Le principe de la proportionnalité des suffrages nous fait une loi de cette variété même. Nous voilà réduits, sous peine d'inconséquence et d'injustice, à calculer et à chiffrer exactement l'importance politique de chaque créature humaine. M. Lorimer imagine pour cela une méthode ingénieuse et vraiment moins compliquée qu'on ne pourrait le croire ; il suffirait d'une simple addition pour estimer en nombres ronds tous les élémens reconnus du droit politique et obtenir la somme des voix dont chaque électeur dispose ; mais, à supposer même que cette arithmétique savante fût d'un usage facile, quelles seront les règles qui détermineront la valeur respective de chacun de ces élémens primitifs ? Sera-t-il possible d'estimer avec précision, sinon les revenus ou le salaire, du moins l'intelligence, la considération, la moralité de chacun ? Ces évaluations seront arbitraires et ne pourront nous fournir tout au mieux que des résultats par à peu près. Or c'est la haine des à peu près, c'est l'amour d'une précision rigoureuse qui nous a jetés dans le dédale où nous nous perdons. Le système de M. Lorimer se condamne lui-même, s'il ne nous donne pas ce qu'il nous a promis.

Quelle sera d'ailleurs la limite précise où s'évanouira le droit de suffrage ? Il faut bien pourtant qu'il ait une limite. Persisterons-nous à écarter les enfans, les aliénés, surtout les femmes ? On pourra bien démontrer, quant à ces dernières, qu'elles ne doivent point avoir des droits aussi étendus que les nôtres ; mais ces droits sont de la même nature, et il est impossible d'admettre qu'ils ne soient pas aussi absolus. En théorie, rien n'est plus injuste que de refuser le droit de suffrage aux femmes, rien n'offense plus le principe sublime de l'égalité de toutes les créatures humaines. C'est à quoi beaucoup de nos grands démocrates n'ont pas encore assez réfléchi. Lors même qu'on s'attache à la doctrine équitable de la proportionnalité des suffrages, la question du droit des femmes n'en devient que plus épineuse et plus délicate. On est conduit à se demander jusqu'à quel point la subordination naturelle ou l'indépendance qu'elles ont le droit d'obtenir nous permet ou nous

Ernest Duvergier de Hauranne

ordonne de leur assigner dans l'état une station plus humble que la nôtre ou de les élever à notre niveau. M. Mill, avec sa hardiesse accoutumée, n'eût pas hésité à trancher le problème. M. Lorimer, malgré son exactitude scrupuleuse, ne paraît pas même y avoir songé. Peut-être est-il d'avis que le rôle naturel des femmes est non pas de vociférer dans les carrefours ou de déclamer dans les assemblées, mais de filer au coin du foyer domestique et d'élever honnêtement leur famille ; peut-être s'imagine-t-il que leur vertu, leur dignité même, exigent qu'elles restent étrangères aux intrigues de la vie publique : ce sont là des raisons qui n'ont rien à faire avec la théorie du droit absolu. Cette exception, imposée par la morale et par le sens commun, est comme la paille secrète qui fait éclater le fer le plus solide et le plus pur : elle suffit pour réduire à néant toute cette doctrine pourtant si logique et si bien conçue. Nous voyons par là combien il est imprudent de demander à des institutions même imaginaires l'application rigoureuse de tous les principes du droit idéal.

II

Nous voilà donc revenus du pays des abstractions. De ce long pèlerinage à travers la steppe aride de la métaphysique électorale, nous rapportons au moins une vérité certaine : c'est que la perfection n'est pas de ce monde, et qu'il faut en prendre franchement notre parti. Nous ne devons jamais perdre de vue les grandes idées de justice qui dominent les institutions libres et qui sont l'âme de nos droits ; mais il ne faut pas oublier qu'en politique, comme en morale, ce sont les œuvres qui sauvent encore plus que la foi. Les divers systèmes de suffrage inventés depuis que le monde existe doivent être jugés par les résultats qu'ils ont produits plutôt que par les principes d'où ils découlent : il y en a qui réussissent malgré de grands défauts théoriques, il y en a d'autres qui échouent en dépit de mille perfections. N'exigeons donc que ce qui est possible et tâchons d'être moins ambitieux.

« Le but du gouvernement représentatif, dit M. Guizot, est de mettre publiquement en présence et aux prises les grands intérêts, les opinions diverses qui se partagent la société et s'en disputent

I. Les théoriciens du droit de suffrage

l'empire. » Ces simples paroles contiennent plus de véritable esprit démocratique que toutes les subtilités à la mode chez les panégyristes attitrés de la démocratie. La démocratie ne peut pas crier à l'oppression quand toutes les classes sont représentées d'une manière à peu près équitable, et que toutes les doctrines trouvent dans le parlement un nombre suffisant de défenseurs. C'est là le point essentiel du gouvernement représentatif, et si tous les citoyens appelés à l'exercice du droit de suffrage sont capables et éclairés, si en outre la vie politique est activement entretenue dans le pays par une liberté large et franche, tous les intérêts légitimes doivent se déclarer satisfaits, et les conservateurs comme les démocrates n'ont rien de plus à exiger.

Mais y a-t-il donc une forme de suffrage qui réalise ces conditions d'une manière parfaite et toujours certaine ? N'en déplaise à nos alchimistes politiques, cette pierre philosophale, cette panacée universelle ne saurait exister nulle part. S'il est funeste de regarder les institutions humaines comme le produit d'une fatalité supérieure et de les subir aveuglément sans chercher à les corriger, il ne faut pas non plus les regarder comme un mécanisme qu'on peut porter d'un pays à l'autre, ni s'imaginer qu'il suffise de changer le texte des lois pour transformer la société. Après l'erreur qui consiste à tout abandonner à la destinée, il n'en est pas de plus dangereuse que celle qui considère les lois politiques comme de pures créations du législateur, et qui se figure naïvement que, si la machine à gouverner nous paraît mauvaise, rien n'est plus facile que de fabriquer une machine meilleure. M. Stuart Mill a ingénieusement défini la part de la nécessité historique ou morale et celle de la raison et de la science en comparant les institutions politiques à une roue de moulin qui ne saurait tourner sans l'assistance du vent ou du cours d'eau qui la fait mouvoir. Ce serait une insigne folie que de vouloir établir un moulin à eau sur une montagne ou un moulin à vent dans une vallée. De même il n'y a pas de système électoral qui puisse s'appliquer indifféremment et avec un égal succès à la Chine ou à la France, à la Prusse ou au royaume de Dahomey. La démocratie américaine ne conviendrait pas à l'Angleterre, ni l'aristocratie anglaise à l'Amérique ; chacune cependant paraît fort bien accommodée au pays où elle règne, toutes deux se vantent avec raison d'assurer à deux grandes nations la jouissance des mêmes libertés. La vérité, c'est que le régime électoral tient à la constitution même de la société ; il doit se modifier comme la société elle-même, lentement et par degrés. Toute innovation trop rapide est un apprentissage difficile, une expérience périlleuse où la liberté est exposée à périr. Le meilleur musicien hésite et se trompe quand on lui met dans les mains un instrument nouveau. Le peuple le mieux accoutumé à la pratique des institutions représentatives, quand on le fait passer trop brusquement à la démocratie pure, peut tomber dans de grandes folies, dans de grandes violences ou dans de grandes lâchetés. Le meilleur système de suffrage est celui qu'on a, pourvu qu'on sache en tirer parti. Quand il est entré par une longue habitude dans le caractère et dans les mœurs, quand il assure la liberté, la sécurité et le gouvernement sincère de l'opinion publique, quand surtout les classes établies au pouvoir ont la sagesse de modifier à propos les institutions électorales et de les ouvrir aux classes populaires à mesure que celles-ci s'élèvent au sentiment de leurs droits, alors ces institutions doivent être ménagées avec soin, comme une sorte d'héritage national et comme une part essentielle des libertés du pays. Autant il est sage et patriotique de travailler sans cesse à les améliorer en les adaptant au progrès de la société moderne, autant il est coupable et funeste, soit de les précipiter dans des réformes hâtives, soit de les renverser de fond en comble pour en établir de meilleures. Il ne faut pas les traiter avec ce respect superstitieux qui s'obstine à refuser toute réforme et à mettre au défi l'opinion publique ; mais il ne faut pas non plus devancer les besoins ou les désirs du peuple en jetant dans les mains de la multitude un pouvoir qu'elle n'a pas demandé. C'est à se maintenir dans cette juste mesure que les Anglais paraissent avoir assez bien réussi jusqu'à présent. Leur système électoral, qu'on ose à peine appeler de ce nom, tant il y a peu d'esprit de système dans les différentes institutions qui sont venues régler à de longs intervalles l'exercice de leur gouvernement représentatif, est justement à l'antipode de ces idées régulières que l'obéissance monarchique et la centralisation révolutionnaire ont inoculées à l'esprit français, déjà trop bien disposé par lui-même à les accueillir. Le système électoral anglais n'a rien de cette symétrie et de cette uniformité sublimes dont nous avons tous plus ou moins contracté l'amour à la vue de notre

I. Les théoriciens du droit de suffrage

France nivelée et labourée dans tous les sens par les révolutions. Nous sommes tellement accoutumés à ne voir autour de nous que des institutions bien alignées et des administrations taillées au cordeau, que nous en sommes venus à croire que la symétrie est l'essence même de la justice, et l'arithmétique le fondement de la société. Le système anglais au contraire repose tout entier sur les faits, les uns naturels, les autres historiques, ceux-ci dérivés de la coutume et empruntant leur force à la tradition, ceux-là octroyés par un privilège ou arrachés au despotisme par quelque victoire de la liberté. Le Français le moins fanatique, du moment qu'il se reconnaît pour un descendant de 89, a grand'peine à pardonner à la liberté anglaise son origine aristocratique et féodale. Il se sent presque révolté quand il aperçoit dans le système anglais ces anomalies et ces irrégularités locales qui lui rappellent un temps barbare dont il n'a gardé que d'odieux souvenirs. Il se demande pourquoi ces différences entre les élections des comtés et les élections des villes, pourquoi ces inégalités entre les collèges, pourquoi ces disproportions choquantes entre le nombre des électeurs et le nombre des députés, pourquoi enfin ces chartes spéciales qui établissent pour certains corps une représentation particulière, et leur accordent au sein de la nation une existence indépendante et privilégiée ? Il lui parait scandaleux que le droit électoral varie suivant les lieux et les personnes ; qu'ici le suffrage soit démocratique et livré aux passions populaires, et que là-bas on le réserve soit à la propriété territoriale, soit à ses cliens les plus riches ; que dans telle cité populeuse il faille 10,000 électeurs pour faire un député, tandis que dans certains *bourgs pourris* sans habitans il suffira de quelques hommes tout dévoués d'avance au riche *landlord* dont ils cultivent les terres ou dont ils occupent les maisons. Cette variété singulière est aux yeux d'un Français le comble de l'injustice et de l'absurdité. Il s'étonne qu'au milieu de ce chaos la liberté puisse fleurir, le pays rester calme, et qu'en dépit de sa détestable origine la représentation nationale ne se montre pas indigne du grand rôle qu'elle joue.

Hâtons-nous de dire que l'ancien système électoral de l'Angleterre avait en effet des débuts graves, auxquels la réforme parlementaire de 1832 avait apporté un premier remède, et que le nouveau *bill* de l'année dernière vient de faire disparaître presque entièrement.

Ernest Duvergier de Hauranne

L'influence exagérée de l'aristocratie avait besoin d'être contenue dans de plus justes bornes ; cette influence prépondérante devait être remplacée par celle des classes moyennes et populaires, dont l'importance croissait tous les jours. A la faveur de cette répartition trop inégale des droits électoraux, le pouvoir royal ou ministériel pouvait acheter une majorité factice en s'attachant par des dons ou par des promesses l'oligarchie territoriale, qui tenait dans ses mains une partie de la chambre. Enfin le penchant du siècle, et le tour scientifique de l'esprit moderne exigeaient qu'on soumît ces irrégularités mêmes à des principes constans qui en fissent mieux voir la sagesse. Toutefois ni la réforme de 1832 ni même celle de 1867 n'ont eu pour objet d'établir en Angleterre l'idéal de l'uniformité française ; elles ont maintenu soigneusement cette variété de représentation et de suffrage qui fait de la chambre des communes d'Angleterre l'assemblée la plus admirable et la plus complète que le monde ait jamais eue.

La composition variée de la chambre des communes est considérée par les Anglais comme la cause principale de la sagesse et de la durée de leur gouvernement parlementaire. Comme dans l'histoire d'Angleterre, où la cause de l'aristocratie libérale et celle de la bourgeoisie et du peuple n'ont jamais été séparées l'une de l'autre, les représentans des classes élevées se rencontrent chaque jour dans la chambre avec les délégués des classes populaires, et ils apprennent tous ensemble à vouloir et à sentir en commun. Une assemblée tout aristocratique serait fatalement exposée à s'isoler au sein du pays et à séparer ses intérêts de ceux de la nation. Une assemblée toute démocratique serait à la fois moins libérale, moins indépendante et moins éclairée. Elle serait le jouet des agitations populaires et l'instrument servile de cette grossière souveraineté du nombre, qui, comme le remarque ingénieusement M. Mill, n'est qu'un autre nom plus séduisant pour désigner la force. Poussée malgré ses désirs par une majorité implacable et menaçante, elle pencherait tout entière d'un seul côté, et elle ferait du gouvernement représentatif tel qu'on le pratique en Angleterre une espèce de tyrannie non moins redoutable que celle du gouvernement absolu, Tel est le danger que lord Grey lui-même, le fils de l'heureux auteur du *bill* de 1832, signalait aux législateurs dans son dernier livre sur la réforme électorale. Il leur conseillait de se souvenir

I. Les théoriciens du droit de suffrage

que les influences aristocratiques sont dans une certaine mesure favorables aux progrès de la démocratie. C'est la résistance de l'aristocratie aux reformes nouvelles qui les amène à ce degré de maturité parfaite où elles s'imposent à l'aristocratie elle-même par l'ascendant souverain de l'opinion publique. Cette espèce d'épreuve est nécessaire à leur succès et à leur durée. Grâce au frein salutaire d'une aristocratie libérale et sage, la démocratie anglaise ne risque pas de prendre ses caprices passagers pour des aspirations éternelles et ses velléités mal définies pour des besoins déjà formés. Ses conquêtes sont aussi durables qu'elles sont lentes à obtenir : on ne les voit pas dès le lendemain succomber honteusement à des réactions toutes pareilles aux violences mêmes d'où elles sont sorties.

Le fait est que le système anglais, malgré ses irrégularités et ses inconséquences, ou plutôt à cause de ces irrégularités mêmes, est en définitive celui qui se rapproche le plus de notre idéal. La grande diversité du suffrage, pourvu qu'elle soit habilement ménagée, nous paraît la seule manière praticable d'introduire dans les institutions électorales cette équité approximative dont il faut bien nous contenter désormais, puisque nous avons dû renoncer à la proportionnalité rigoureuse qui serait seule conforme à la justice pure. Quels que soient d'ailleurs les inconvéniens qu'on y trouve, on est forcé de reconnaître que la diversité du suffrage est un moyen efficace de garantir l'indépendance des minorités et d'assurer à chacune des classes et à chacun des intérêts sociaux cette représentation proportionnelle qui doit être l'objet de nos désirs. S'il n'y avait aucune différence entre les élections des bourgs et les élections des comtés, si le mode du suffrage était partout le même d'un bout du pays à l'autre, les intérêts des classes populaires, comme ceux de la propriété territoriale, ne seraient pas aussi bien représentés dans le parlement ; la chambre des communes ne serait pas ce qu'elle doit être, l'image complète et fidèle du pays. La séparation des campagnes et des villes dans l'exercice du droit électoral n'est pas seulement justifiée par la diversité naturelle de leurs sentimens et de leurs intérêts ; elle est rendue nécessaire par la différence de leurs mœurs politiques. Il faut que les représentans conservateurs des campagnes tempèrent la vivacité des représentans des villes, et qu'à leur tour les élections démocratiques des grandes villes corrigent

Ernest Duvergier de Hauranne

les résultats trop paisibles des élections rurales ; mais il ne faut pas qu'on essaie d'imposer a ces intérêts différens une confusion artificielle qui les neutralise et les étouffe. La représentation spéciale des grandes universités anglaises procure à l'intelligence une part d'influence bien légitime et qu'aucun homme sensé ne lui conteste. Il n'y a pas jusqu'aux *bourgs pourris* eux-mêmes, jusqu'à ces abus de l'ancien régime, condamnés depuis 1832 et frappés de mort par la nouvelle réforme, qui n'aient pratiquement de grands avantages, et qui ne puissent concourir à donner une variété plus grande à la représentation du pays. Il est remarquable en effet que la plupart des hommes qui ont illustré les assemblées anglaises y sont entrés non par la grande porte des élections populaires, mais par la porte dé, robée des *bourgs pourris*, grâce à la protection de quelque grand seigneur éclairé qui avait reconnu leur mérite. Ces glorieux parvenus qu'on appelle Burke, Sheridan, Canning, M. Lowe, et que l'aristocratie anglaise devait reconnaître un jour pour ses chefs, seraient peut-être restés inconnus toute leur vie, si l'institution des *dlose-boroughs*n'avait permis à la naissance et à la fortune d'associer à leurs privilèges cette noblesse naturelle du génie. C'était comme un sentier de traverse ouvert à la jeunesse, au talent pauvre et obscur, trop faible encore pour affronter les grands chemins de la popularité. Les *bourgs pourris* ont disparu parce qu'on ne pouvait plus les défendre ; personne ne songe en Angleterre à les faire revivre, mais beaucoup de gens se demandent ce qu'on pourra mettre à la place.

Enfin la représentation nationale est assise en Angleterre sur le solide fondement des réalités. Les collèges électoraux d'où elle est sortie ne sont pas des collections de chiffres, des groupes arbitraires et mobiles qu'aucun lien commun n'a réunis, qu'aucun sentiment commun ne peut animer ; ce sont des corps établis, qui ont une forme permanente et une existence individuelle. Chaque député est le représentant d'une puissance locale et distincte à laquelle il doit rendre compte de ses actes, à laquelle il doit soumettre ses opinions. L'organisation des collèges est fixée par la loi, elle fait partie du système électoral lui-même, elle est considérée comme une de ces institutions fondamentales qui ne doivent dépendre ni du caprice d'un ministre ni de l'intérêt passager d'une élection. On ne voit pas en Angleterre les candidats qui soutiennent la politique

I. Les théoriciens du droit de suffrage

ministérielle se prévaloir de leur influence pour bouleverser tous les usages et composer eux-mêmes à leur gré le collège qui doit les nommer. On ne voit pas le gouvernement s'amuser tous les cinq ans à remanier les circonscriptions électorales, comme les pièces d'un jeu de patience, pour découvrir la combinaison la plus favorable aux intérêts du pouvoir ; quand par hasard il croit nécessaire de toucher à la règle établie, il s'adresse à ceux mêmes qui l'ont faite. Voilà ce que l'on gagne en pratique à faire du droit de suffrage un privilège positif au lieu d'un droit idéal, abstrait et vague. C'est là du moins un avantage dont notre propre expérience a dû nous enseigner la valeur. Quel est celui de nos démocrates qui s'imagine sincèrement que l'esprit du peuple anglais fût mieux représenté dans le parlement, si la population tout entière, admise sans restriction au droit de suffrage, était en revanche divisée par tranches anonymes et arbitraires, comme un morceau de terrain ou une pièce d'étoffe, sans autre loi que le nombre des têtes et la fantaisie du gouvernement ? Quel est le démocrate libéral et sincère qui, s'il descendait au fond de sa conscience, n'échangeât volontiers la plate uniformité dont nous jouissons contre le système électoral anglais, avec ses restrictions, ses irrégularités, ses inconséquences, mais avec toutes les garanties qui en défendent l'usage et toutes les libertés qui en doublent le prix ?

N'hésitons pas d'ailleurs à le reconnaître, la souveraineté nationale ne réside pas tout entière dans l'exercice du droit de suffrage. La question de savoir si le droit électoral aura des limites ou si tous les citoyens seront appelés à l'exercer de leurs propres mains a sans doute une grande importance au point de vue des doctrines ; mais l'intérêt en est médiocre pour la pratique de la liberté. Il est des pays fortunés où la plus admirable égalité règne, et qui, malgré le droit de suffrage, ne sont pas leurs propres maîtres ; il en est d'autres où le droit de voter est réservé encore au petit nombre, et dont on peut dire néanmoins que c'est le peuple entier qui gouverne. Le citoyen d'un pays libre a bien d'autres manières de faire sentir son influence dans les affaires que d'aller jeter un morceau de papier dans une urne ou même de prononcer à haute voix le nom du candidat qu'il choisit. Si la vie politique devait toujours être bornée à l'accomplissement de ces formalités machinales, ce ne serait pas la peine de la conserver ; autant dire que l'on ne doit aller à l'église que pour prendre de l'eau bénite, et que la religion ne doit nous apprendre qu'à marmotter des prières et à faire des signes de croix. Pour toute religion sérieuse, les pratiques extérieures ne sont que le signe et l'occasion du culte intérieur de l'âme. De même, dans les pays où la liberté politique est autre chose qu'une parodie, l'exercice du droit électoral n'est que l'occasion et le signe visible d'une souveraineté morale et invisible à laquelle tout obéit. Il y a dans les pays libres une puissance supérieure de qui relèvent toutes les autres, et qui se fait sentir en dehors de toutes les formes établies par les lois. Cette puissance à laquelle rien ne résiste et dont le corps électoral, restreint ou illimité, n'est pour ainsi dire que la délégation permanente, tout le monde l'a déjà nommée, c'est l'opinion publique. Mieux vaut certainement une liberté protégée par la puissance de l'opinion publique qu'une liberté garantie par les plus savantes combinaisons législatives. Sans la domination de l'opinion publique, la démocratie elle-même n'est qu'un contre-sens et un mensonge. Partout au contraire où l'opinion est souveraine, les institutions électorales fussent-elles très exclusives et très favorables au règne absolu de l'aristocratie, c'est en réalité la démocratie qui règne et à qui reste le dernier mot.

A ce compte, l'Angleterre est un pays cent fois plus démocratique que la France. Il n'y en a pas où le règne de l'opinion soit plus général et plus absolu. L'ouvrier anglais qui n'a pas le droit de voter possède en réalité de plus grands pouvoirs politiques que l'électeur français, qui, après deux jours, quinze jours peut-être d'une souveraineté souvent bien vaine, s'évanouit tout à coup de la scène politique et rentre pour six ans dans sa maison. Dans un pays où règnent incessamment la liberté de la presse, la liberté de réunion, la liberté d'association sans limites, toutes ces libertés enfin qui tiennent l'opinion populaire en éveil et qui sont indispensables à la pratique du gouvernement représentatif, la vie publique offre à quiconque veut s'en servir des ressources innombrables et cent fois plus grandes que celles de la politique officielle. L'homme actif, énergique, intelligent, convaincu, ambitieux du bien de son pays plus que de sa gloire personnelle, en quelque position que le sort l'ait placé, jouit bientôt d'une influence égale à son mérite. C'est à ce point que chez les nations livrées à la démocratie pure on voit des hommes supérieurs qui aiment mieux rester dans les coulisses du théâtre, d'où ils préparent le spectacle et dirigent les acteurs, que de paraître eux-mêmes sur la scène. où ils ne seraient plus que les marionnettes des partis qui les auraient élus. Tel est le rôle de l'opinion publique dans tous les gouvernemens vraiment libres ; lors même qu'elle n'est pas une puissance officielle et qu'elle n'a pas le droit de porter la main sur les affaires du pays, il lui suffit de parler pour être écoutée, d'être entendue pour être obéie, car le gouvernement qui fermerait l'oreille à cette voix puissante sait de quel prix il paierait sa téméraire obstination. Si une classe nombreuse de citoyens se croit opprimée, méconnue, lésée dans son droit, elle n'a pas de peine à se faire rendre justice par celle qui détient nominalement le pouvoir. En Angleterre, jusqu'à la dernière réforme électorale, les classes populaires n'étaient pas admises dans l'édifice officiel du gouvernement, elles n'envoyaient pas de députés à la chambre des communes, et l'on affectait de les regarder comme des mineures dont l'émancipation ne pouvait être prochaine. Ce sont pourtant les classes populaires qui ont voulu et qui ont accompli la réforme, qui ont imposé leur volonté souveraine au parlement qu'elles n'avaient point élu. Elles ont fait la réforme de 1867, comme autrefois les classes moyennes firent la réforme de 1832, comme plus tard se feront les réformes nouvelles que le progrès de la société rendra nécessaires, sans secousses, sans efforts, sans révolutions, par la seule influence d'une volonté persévérante et sage, par la seule contrainte morale de la justice et de la raison.

On sait d'ailleurs quels sont les traits principaux de la dernière réforme. Bien qu'elle fasse encore reposer le droit de suffrage sur la quotité du revenu ou de l'impôt payé par chaque citoyen, elle abaisse tellement le cens électoral qu'elle le met pour ainsi dire à la portée de tout le monde. Dans les bourgs, tous les *householders* ou habitans d'une maison qui paient la taxe des pauvres directement ou indirectement à raison de la maison qu'ils occupent, tous les*lodgers* ou locataires partiels qui paient un loyer d'au moins 10 livres, jouiront dorénavant du droit électoral. Dans les comtés, aux *freeholders* ou francs-tenanciers qui ont un revenu de 40 shillings, aux *copyholders* qui ont au moins 5 livres sterling de rente, viennent se joindre à présent tous ceux qui contribuent à la taxe des pauvres à raison d'un revenu de 12 livres sterling. Les bourgs qui n'ont pas 10,000 habitans perdent le droit de nommer un député. Nous croyons que ces diverses réformes répondent amplement aux besoins actuels ; elles n'impliquent ni la condamnation des anciennes lois, ni l'inauguration d'une doctrine nouvelle éclose des rêveries d'un philosophe ou des passions exclusives d'un parti. La seule prétention de leurs auteurs est de mettre le système électoral en harmonie avec l'état présent de la société. Quand plus tard de nouveaux progrès deviendront nécessaires, les classes éclairées aux mains de qui le pouvoir réside sauront, comme elles l'ont toujours fait, céder aux légitimes réclamations du peuple, La démocratie pénétrera de plus en plus dans la constitution d'Angleterre sans la bouleverser ni la détruire, et la nation tout entière s'élèvera naturellement au pouvoir politique à mesure qu'elle saura mieux en comprendre l'usage et en souhaiter la possession.

Telle est en effet la seule règle pratique qu'on puisse appliquer à l'extension du droit de suffrage dans les pays où ne règne pas encore la religion du vote universel. Si, comme nous l'avons vu plus haut, le droit idéal existe de toute éternité et appartient sans exception à tout le monde, le droit réel et positif ne commence qu'avec la faculté et la volonté d'en faire usage. On ne doit pas refuser le droit de suffrage à une classe de citoyens qui insiste longuement pour l'obtenir. Si l'on admet que toute nation doive être divisée, comme toute famille, en mineurs et en majeurs, en cadets et en aînés, ce n'en est pas moins un devoir, pour ceux qui exercent les graves fonctions de chefs de famille, de retirer aux derniers venus leurs lisières dès qu'ils ont la force de marcher tout seuls, et de s'en fier à l'expérience pour les avertir des pièges et des dangers de la route. Dans la famille politique, les frères cadets doivent être émancipés aussitôt qu'ils en éprouvent le besoin et qu'ils en témoignent le désir. Les classes éclairées doivent faire tous leurs efforts pour accélérer cette émancipation graduelle, et elles manquent à leurs premiers devoirs quand elles abusent de l'espèce de tutelle qui leur est confiée pour retarder l'éducation du peuple et prolonger la durée de leur pouvoir ; mais on n'est jamais tenu d'accorder le droit de suffrage aux classes qui ne le demandent pas encore ou qui ne sauraient pas le faire respecter, de serait alors un signe de démence ou un acte de politique perfide, plus opposé aux vrais intérêts de la démocratie qu'aux desseins cachés d'une caste gouvernante ou

I. Les théoriciens du droit de suffrage

d'un dictateur ambitieux. Les sourds et les aveugles ont aussi le droit de voir et d'entendre, et, lorsqu'ils ne sont pas incurables, il ne faut rien épargner pour les guérir. Cela ne veut pas dire que l'humanité ou la justice exige que l'on consulte les aveugles sur les couleurs et que l'on demande aux sourds leur opinion sur la musique. Celui qui s'aviserait de faire une pareille folie pourrait bien n'être au fond du cœur qu'un fourbe audacieux qui abuserait de l'infirmité de ces malheureux pour les tromper ou pour tromper les antres. Il en est de même de ces nations arriérées que l'on a tenues systématiquement sous le joug, et qui sont pour ainsi dire sourdes et aveugles aux bienfaits de la liberté. Le droit électoral ne doit pas être jeté en pâture, comme, une satisfaction puérile, aux passions d'une foule ignorante et qui ne saurait même pas s'en servir : il faut la réserver à ceux qui sont capables d'en comprendre les avantages et d'en sentir la dignité. Pour tout dire en un mot, le signe auquel doit se reconnaître la capacité électorale dans un pays libre est la volonté ferme et persévérante de l'acquérir par les voies légales et sans recourir aux moyens violens des révolutions.

C'est une vérité vieille et banale que les révolutions ne fondent rien de durable, parce qu'elles dépassent presque toujours le but que leurs auteurs s'étaient proposé. La puissance de l'opinion, précipitée par ces grands ébranlemens, ne mesure plus les châtimens aux fautes commises, ni les réformes aux besoins véritables. Une révolution commencée contre le pouvoir absolu d'un ministre finit par la chute d'une dynastie royale ; une révolution dirigée d'abord contre la tyrannie des princes aboutit à la tyrannie, des démagogues ; une révolution qui débute au nom de la réforme électorale s'achève au nom du suffrage universel. C'est le secret de ces retours d'opinion qui anéantissent, presque aussitôt les conquêtes violentes de la liberté. Pas plus que le despotisme, la liberté n'échappe à la fatalité de son origine. Autant elle a été prompte à établir, autant elle est facile à renverser : quand elle triomphe par un coup de main, on peut prédire aux peuples qui l'ont appelée qu'elle ne tardera pas à succomber par un coup d'état. On peut être sûr que leur histoire va devenir pour plusieurs années une suite de hasards et de surprises, une désolante alternative entre une liberté déréglée qui les épouvante et un despotisme qui ne leur assure qu'une sécurité menteuse. Alors les peuples s'accoutument,

Ernest Duvergier de Hauranne

à servir de jouet aux événemens. Ils perdent l'habitude des longs desseins et des grandes espérances pour ne plus songer qu'à la commodité de l'heure présente et à la satisfaction de leurs besoins matériels. Les institutions qu'ils se donnent, ou qu'ils se laissent donner par ceux qui s'emparent de leurs destinées, ne sont plus pour eux qu'un abri provisoire, une tente qu'ils dressent au bord du chemin pour s'y reposer une heure, et qui tombera par terre au premier coup de vent. Les révolutions dépravent trop souvent les nations qu'elles devaient régénérer. Elles les rendent semblables à ces aventuriers mercenaires qui ne reconnaissent plus le drapeau de leur pays, et qui n'ont plus d'autre patrie que le palais du maître qui les paie.

Les Anglais ont une autre manière de conquérir la liberté. Ils savent qu'elle n'est durable que lorsqu'elle a de solides fondemens dans l'histoire, et qu'elle ne reste fidèle qu'à ceux qui l'ont méritée par leur persévérance et leur sagesse. Ils tiennent d'ailleurs à leurs institutions comme à une part de leur existence et de leur honneur national. Ils portent jusque dans leur politique intérieure ce sentiment de la patrie, sans lequel une nation n'est qu'un troupeau de moutons dociles ou une bande de chevaux échappés. Au lieu de jeter à bas tous les vingt ans la maison paternelle et de la reconstruire chaque fois sur un plan nouveau, ils travaillent sans relâche à la réparer, à l'élargir et à l'accommoder aux besoins du jour. Leur constitution ressemble à une vieille forteresse féodale qu'une longue suite de réparations successives a transformée peu à peu en une vaste maison moderne, admirablement appropriée aux mœurs du grand peuple industriel et commerçant qui l'habite. Tous les trente ou quarante ans, ils se remettent à l'œuvre : ils consolident un bastion qui menace ruine, suppriment une aile abandonnée, nettoient un grenier désert et encombré de débris vermoulus, comblent les fossés devenus inutiles, agrandissent les portes devenues trop basses, percent de larges ouvertures dans les épaisses murailles à la place des meurtrières menaçantes du temps passé ; ils savent même au besoin ajouter dès constructions nouvelles aux bâtimens devenus trop étroits pour contenir la foule des nouveau-venus qui s'y pressent ; mais ils se gardent bien de toucher aux fondations mêmes de l'ancien édifice à l'abri duquel a grandi leur liberté. De tous les partis qui s'y disputent aujourd'hui

I. Les théoriciens du droit de suffrage

le pouvoir, fût-ce même celui de la démocratie ardente qui a pris les États-Unis pour modèle, aucun ne souhaite une rupture violente avec les traditions de la monarchie. Si les réformes prêchées par l'école radicale viennent un jour à s'accomplir en Angleterre, elles devront emprunter les formes consacrées par l'usage et instituées par la loi. La république elle-même, quand elle viendrait à s'y fonder, ne pourrait être que la fille légitime et l'héritière pacifique de la monarchie. Si jamais la monarchie doit succomber en Angleterre, elle ne sera pas tuée sur les barricades par une insurrection populaire ; elle sera exécutée dans les formes par un vote régulier du parlement, et ce sera le gouvernement du roi qui devra proclamer la condamnation de la royauté.

C'est là du reste un événement que les Anglais ne redoutent guère, au moins dans un prochain avenir. S'il est vrai que la forme républicaine soit destinée à devenir un jour celle de tous les gouvernemens de l'Europe, l'Angleterre, qui de toutes les nations est certainement la mieux préparée à la recevoir, sera en même temps la dernière à la désirer. Les seules personnes qui croient en Angleterre à l'avènement prochain de la république ne sont pas celles qui la veulent, ce sont au contraire celles qui la craignent et qui se font de la démocratie moderne un ridicule objet d'épouvante. Ces esprits chagrins, qui sont partout les mêmes, voient dans la dernière réforme électorale le signe avant-coureur d'une révolution sociale qui jettera leur pays dans les bras de la démagogie ou dans ceux du pouvoir absolu.

Si le danger de la démagogie était sérieux en Angleterre, ce ne serait qu'un argument de plus en faveur de la réforme. Le bon moyen de s'en préserver ne serait pas d'irriter les classes populaires par une résistance maladroite ou par de méprisantes provocations. Il ne faudrait pas alors s'indigner contre elles, si elles pensaient à se faire justice de leurs propres mains. Ces conservateurs obstinés qui repoussent avec horreur toute innovation démocratique sont en même temps les pires ennemis de la tranquillité des états et de la stabilité des trônes. Le nom de conservateurs dont ils se parent n'est pour eux qu'un titre usurpé ; les seuls qui méritent ce nom sont ceux qui défendent pied à pied les institutions établies, mais qui se souviennent qu'elles ne sont pas éternelles, et qui savent toujours reculer à temps. Les partisans du système de l'immobilité ressemblent à des gens qui se posteraient sur la plage à l'heure où la marée monte, et qui se flatteraient de l'intimider par de beaux discours. C'est leur faute si le flot les renverse et si la démocratie leur passe sur le corps. Quand un gouvernement s'oppose à une innovation légitime dont il aurait pu se réserver l'honneur, l'opinion publique alors s'en empare et se charge de la faire triompher malgré lui. Les conservateurs anglais viennent de faire eux-mêmes l'expérience du danger auquel on s'expose en marchandant les concessions lorsque l'opinion publique est mûre et persiste à les obtenir. Sans les déclamations des adversaires de la réforme et les longues hésitations du parlement, l'opinion publique anglaise aurait été satisfaite à bien meilleur marché. Si les conservateurs avaient adopté dès l'origine les mesures si modérées que proposait le ministère libéral, ils ne se seraient pas vus contraints de soutenir eux-mêmes l'année suivante une loi beaucoup plus radicale. Leur victoire sur les libéraux ressemble à celles que le roi Pyrrhus remportait sur le peuple romain. Il n'en faudrait pas beaucoup de pareilles pour annuler toute leur influence et pour les effacer du nombre des partis ; mais en sacrifiant leurs préjugés et leurs répugnances, ils n'ont manqué ni aux obligations que leur nom leur impose, ni aux traditions de leurs devanciers dans ce qu'elles ont de respectable et de sensé. Ils ont bien fait de ne pas s'obstiner dans une résistance qui aurait été fatale et à la tranquillité de l'Angleterre et à l'intérêt légitime du grand parti conservateur.

La réforme anglaise n'est donc pas, comme on l'annonce, le signal d'une révolution ; elle ne mérite ni la douleur profonde qu'elle inspire chez nous à certains amis de l'ordre, gens effrayés par principe et larmoyans par habitude, ni la joie immodérée que font éclater à ce propos nos grands démocrates officiels, sans-culottes en habit brodé, qui fréquentent les antichambres et proposent depuis quinze ans l'exemple de la France à toutes les nations du monde. Il faut y voir au contraire un monument nouveau de cet esprit conservateur qui s'allie toujours chez les Anglais à l'intelligence du progrès moderne. Cette concession volontaire de l'aristocratie gouvernante à la juste ambition des classes populaires va désarmer les radicaux de leur engin de guerre le plus terrible et de leur seul grief un peu sérieux. Il est probable que la question électorale va rester assoupie pour quelques années. On se tromperait pourtant

I. Les théoriciens du droit de suffrage

si l'on allait jusqu'à croire que la voie du progrès est close et quelle ne se rouvrira plus. Les Anglais ne sont ni des conservateurs obstinés ni des révolutionnaires systématiques et aveugles. Ils n'ont jamais eu, comme nous autres, la présomptueuse espérance d'en finir à tout jamais avec les réformes et de fixer une fois pour toutes les institutions de leur pays. Ils ne connaissent ni ce radicalisme exigeant qui veut tout obtenir à la fois, ni cette politique à courte vue qui s'emprisonne elle-même dans ses propres retranchemens. Leur grand art de gouvernement consiste à s'inspirer toujours des nécessités présentes, à ne jamais devancer les besoins de l'avenir, à ne jamais s'enterrer sous les ruines du passé. L'on peut prédire avec assurance que le jour n'est pas bien loin où de nouvelles lois électorales, viendront encore élargir « la base de la pyramide, » et que l'aristocratique Angleterre ne cessera plus de marcher en avant dans la voie de la démocratie.

Où cette impulsion finira-t-elle ? Quel sera le terme définitif de ces réformes successives apportées par le progrès des temps ? L'Angleterre s'arrêtera-t-elle sur la pente glissante où elle roule, ou bien doit-elle la descendre jusqu'au fond, comme la France ? — Qu'on l'attende avec impatience ou avec crainte, qu'on le croie voisin ou éloigné de l'heure présente, le terme définitif où le progrès de la démocratie s'arrête ne peut être que celui où elle n'a plus de conquête à faire. « Lorsqu'un peuple commence à toucher au cens électoral, on peut prévoir qu'il arrivera dans un délai plus ou moins long à le faire disparaître complètement. A mesure qu'on recule la limite des droits électoraux, on sent le besoin de la reculer davantage, car après chaque concession nouvelle les forces de la démocratie augmentent, et ses exigences croissent avec son pouvoir. L'ambition de ceux qu'on laisse au-dessous du cens s'irrite en proportion du grand nombre de ceux qui se trouvent au-dessus. L'exception devient enfin la règle ; les concessions se succèdent sans relâche, et l'on ne s'arrête plus que quand on est arrivé au suffrage universel. » En empruntant à M. de Tocqueville ces paroles profondes et prophétiques, nous voudrions en écarter l'accent de tristesse et de découragement dont elles sont empreintes. Nous voudrions repousser les sombres présages que certains esprits chagrins ont amassés sur l'avenir du monde, et que notre récente expérience n'a malheureusement que trop justifiés.

Ernest Duvergier de Hauranne

Nous voudrions montrer que le gouvernement populaire ne conduit pas infailliblement au despotisme ou à l'anarchie, et qu'il ne faut pas conclure d'une épreuve incomplète ou malheureuse à la condamnation sommaire de la société moderne. Sans doute l'avenir appartient à la démocratie, sans doute le progrès qui l'amène est semblable au mouvement d'une pierre qui tombe et qui va toujours s'accélérant dans sa chute ; même en admettant les limites qui sont la garantie indispensable de son indépendance et de sa sagesse, le droit électoral doit se répandre jusqu'au fond des classes populaires à mesure que grandiront chez elles les lumières, la richesse, la capacité et la volonté de se gouverner elles-mêmes. Ce suffrage universel, dont nos malheurs nous donnent tant le droit de médire, nous apparaît alors comme le dernier terme du progrès de nos lois politiques. Est-ce à dire que ce prétendu progrès ne soit véritablement qu'une décadence ? Est-ce à dire que la civilisation moderne soit la ruine de la liberté ? est-ce à dire qu'elle doive engloutir toute individualité supérieure dans le sein d'une multitude anonyme et tyrannique, et qu'elle doive courber toute indépendance sous le joug implacable de ce « monstre à mille têtes » dont les ennemis de la démocratie travaillent à nous faire un objet d'épouvante ? Quand même l'histoire de notre pays serait cent fois plus décourageante encore, quand même la démocratie française serait irrévocablement condamnée à périr de ses propres mains, nous refuserions de nous associer à ces frayeurs séniles ; nous ne consentirions jamais à croire que le monde a marché en vain, nous persisterions à penser que les mécomptes de la démocratie française ne doivent être attribués qu'aux circonstances malheureuses de nos révolutions prématurées et aux obstacles redoutables qu'elle a toujours trouvés dans nos mœurs. Autre chose est de tomber dans la démocratie comme dans un précipice, ou d'y descendre lentement, sûrement et par degrés. Heureux les peuples qui suivent pas à pas cette route, et qui arrivent à la démocratie sans révolutions, sans guerres civiles, sans secousses violentes, sans rompre avec les traditions de leur histoire, et dans la pleine virilité de leur âge mûr !

I. Les théoriciens du droit de suffrage

II. Le suffrage universel

Qu'on s'en réjouisse ou qu'on s'en afflige, le suffrage universel est devenu une des lois fondamentales de la société française. La révolution qui nous l'a donné n'a peut-être pas été très opportune ni très heureuse pour notre pays. Nous avons fait comme un navigateur impatient qui se jette à la nage pour arriver plus vite à la côte ; malheureusement nous avions trop présumé de nous-mêmes : soit que nos forces nous aient trahis, soit que le courage nous ait manqué, le progrès hâtif et prématuré du droit de suffrage nous a coûté tout le patrimoine des libertés que nous avions amassées depuis un demi-siècle. Notre république, improvisée en un jour, abattue de même, ne s'est pas seulement montrée incapable d'assurer ses propres conquêtes, elle n'a même pas su conserver le glorieux héritage du régime qu'elle était venue détruire.

Il est donc permis de le dire : au seul point de vue de la liberté, le trop brusque avènement du suffrage universel n'a pas été un bonheur pour la France. Il a jeté nos destinées aux mains d'une foule ignorante et sans expérience qui a renoncé d'elle-même à les diriger ; il a confié la garde de nos droits et de nos franchises à une milice indisciplinée qui ne savait pas encore les défendre, qui n'en pouvait pas même sentir le prix. En perdant nos anciennes libertés ou plutôt en les abdiquant, nous avons d'ailleurs perdu le plus puissant instrument d'éducation populaire, le seul qui pût nous élever à la hauteur de la tâche difficile que la démocratie nous impose. Depuis l'établissement du suffrage universel, la politique de la France tourne dans un cercle vicieux : obligée plus que jamais de se faire libérale pour le salut de la démocratie, poussée par la démocratie elle-même dans les bras du pouvoir absolu ; mais enfin c'est une chose faite, et il serait absurde d'y revenir. Les fleuves peuvent être retardés dans leur cours, ils ne remontent jamais vers leur source, et, comme disait Royer-Collard en 1820 aux partisans de l'ancien régime, « les événemens accomplis ne rentrent pas dans le néant. » La politique des regrets impuissans n'est ni patriotique, ni courageuse, ni sage. Au lieu de gémir inutilement sur les défauts du suffrage universel, au lieu d'y chercher des raisons pour désespérer de notre avenir et des prétextes pour abandonner lâchement nos affaires, tâchons de savoir ce que vaut cette forme

Ernest Duvergier de Hauranne

de suffrage, quelles sont les conditions nécessaires pour qu'elle soit pratiquée avec succès, quels sont les moyens à employer pour que nous puissions en tirer parti.

Et d'abord le suffrage universel mérite-t-il l'admiration qu'affiche pour lui le patriotisme officiel ? Mérite-t-il au contraire la terreur qu'il inspire à beaucoup d'honnêtes gens timorés ? Est-il, comme on le professe publiquement chez nous, la parfaite expression de la justice idéale, le fondement naturel de tous les pouvoirs légitimes, ou bien, comme beaucoup de gens persistent encore à le penser, est-il une iniquité révoltante, la ruine de tout ordre social, le fléau de toute liberté régulière et sage ? L'opinion vraie de la France en cette matière est fort difficile à connaître, car les voix qui proclament le plus haut les vertus du suffrage universel sont les premières à déclarer qu'il est incapable de se conduire tout seul, que le pouvoir absolu est le contre-poids nécessaire de la démocratie. Quant à nous, nous inclinons à penser qu'il faut beaucoup rabattre et des louanges qu'on lui prodigue et des critiques qu'on ne lui ménage pas. Nous avons vu dans une précédente étude que la doctrine du suffrage universel n'était pas, en théorie, toujours conforme à la vraie justice ; nous allons voir que dans la pratique l'institution du suffrage universel n'est pas toujours nécessairement une injustice et une absurdité.

Il nous paraît que les inconvéniens de ce mode de suffrage tiennent moins à sa nature même qu'à la manière dont il a été établi et pratiqué dans notre pays. A tout prendre, c'est un mode de suffrage aussi bon qu'un autre quand les peuples sont accoutumés à s'en servir. C'est même, si l'on veut, le meilleur de tous, en ce qu'il suppose chez la nation qui l'emploie une éducation politique bien supérieure, une civilisation beaucoup plus avancée et un état social beaucoup plus favorable à l'intérêt du plus grand nombre. Il ouvre d'ailleurs à l'ambition et à l'énergie de chaque citoyen un champ plus disputé, mais plus vaste ; chaque citoyen, même le plus humble, peut prétendre et parvenir à tout ; chacun, même le plus élevé, doit gagner ses grades à la pointe de son épée comme sur un champ de bataille. Enfin le plus grand avantage de la démocratie franchement acceptée, c'est qu'elle apaise ces haines sociales que l'inégalité naturelle engendre toujours quand elle paraît s'appuyer sur le privilège ; au contraire la démocratie

II. Le suffrage universel

mal pratiquée, mal comprise, les nourrit, les envenime et les fomente. Lorsqu'un peuple a pris le grand parti de livrer ses destinées à la souveraineté du suffrage universel, ou bien il tombe au-dessous de lui-même, ou bien il s'élève au-dessus de tous les autres. L'établissement de la démocratie peut être le signal de sa décadence ou le commencement de sa grandeur et de sa liberté. Telle est l'alternative que les événemens font depuis vingt années à la France, et qu'elle ne semble pas encore avoir comprise après tant et de si rudes leçons.

I

Tous les reproches que l'on adresse à l'institution du suffrage universel peuvent se résumer en un seul, c'est qu'elle établit dans la société le gouvernement d'une classe, l'oppression de la minorité par la masse ; c'est qu'à l'influence bienfaisante et éclairée de l'intelligence, à l'influence prudente et conservatrice des intérêts pécuniaires, elle substitue l'influence brutale de la multitude ; c'est qu'elle écrase la pensée sous le joug de la matière ; c'est qu'en consacrant la doctrine absolue de la souveraineté du nombre elle confère en réalité la toute-puissance qui en découle au bras le plus vigoureux plutôt qu'à la tête la plus forte ; c'est en un mot qu'elle fait reposer la seule autorité légitime qu'elle admette sur le fondement grossier de la force musculaire, et qu'à cette puissance aveugle et matérielle les amis de la liberté sont obligés à leur tour d'opposer la force, de façon que la démocratie, cette application supérieure du droit idéal au gouvernement des sociétés humaines, ne serait en réalité que le règne effréné de la violence et le retour de ce droit barbare qui s'appelle le droit du plus fort. Il y a une grande part de vérité dans ces reproches, et nous n'ayons aucune peine à reconnaître que la démocratie, poussée à l'extrême, serait la négation même de toute justice et de tout ordre social ; mais on en pourrait dire autant de tous les autres modes de suffrage et de toutes les autres formes de gouvernement. Chacune a ses vices particuliers, qui deviendraient intolérables, si l'institution pouvait se développer jusqu'à ses dernières conséquences, et si la nature des choses ne mettait un frein salutaire à la logique exclusive des principes. Il

Ernest Duvergier de Hauranne

faut toujours dans une société politique qu'il y ait un élément qui domine un peu au détriment des autres. Dans tel gouvernement, c'est la richesse ; dans tel autre, c'est l'intelligence ; ailleurs encore, c'est la naissance, l'autorité d'un corps établi ou la faveur d'un prince ; dans la démocratie, c'est le nombre qui est l'élément prépondérant et souverain. Est-ce à dire que dans la démocratie toutes les autres influences soient rendues impuissantes ? est-ce à dire que le suffrage universel soit incompatible avec cette justice distributive que la nature elle-même nous enseigne, et à laquelle elle plie malgré eux les peuples qui voudraient la méconnaître ? Il nous paraît au contraire qu'en dépit de tous ses défauts théoriques le suffrage universel, sincèrement et librement pratiqué, est de tous les systèmes de suffrage celui qui assure le plus libre jeu aux lois de l'équité naturelle.

L'institution du suffrage universel ne répond pas toujours très fidèlement à son principe. Elle est sans doute l'application de cette doctrine absolue qui ne veut pas voir de différence entre les créatures humaines, et qui croit faire acte de justice en nous refoulant tous au même niveau ; mais cette égalité rigoureuse, qui est le dogme idéal de la démocratie, elle ne parvient pas à la réaliser dans les sociétés humaines, elle ne peut pas la transporter des idées dans les faits. On peut bien mettre l'égalité dans le droit, on ne peut pas la mettre dans le pouvoir. La mît-on dans ce pouvoir même, quel moyen de la faire passer dans l'usage que chaque citoyen peut en faire ? Qu'on égalise tant qu'on le voudra les conditions, on n'égalisera ni les intelligences ni les caractères. L'inégalité, exilée de partout, se réfugiera dans ce dernier asile ; elle subsistera en dépit de tous les efforts que la législation fera pour la détruire. C'est qu'il est impossible de violer les lois de la nature ; elles ne tiennent pas compte de tous les systèmes que les hommes combinent pour les enchaîner, et les sociétés qui veulent s'en affranchir les subissent elles-mêmes sans le savoir.

Voilà pourquoi le suffrage universel n'est pas aussi dangereux qu'on se l'imagine sur la foi des théories. L'espèce d'égalité qu'il établit dans le droit électoral n'est ni oppressive ni tyrannique, car c'est une égalité de droit et non pas, comme on pourrait le croire, une égalité de pouvoir matériel. Si la même faculté légale est également accordée à tous, ce n'est pas une raison pour que toutes les volontés pèsent exactement du même poids. Il en est du droit de suffrage comme d'un instrument de travail ou d'une arme de guerre qu'on met dans la main de chacun et dont chacun se sert selon son courage, selon son adresse ou selon sa force. Comme le disait Royer-Collard, défendant l'égalité du droit de vote en termes qui pouvaient aussi bien s'appliquer au suffrage universel qu'au suffrage restreint, « l'inévitable inégalité de fait n'est point éludée pour cela, n'est point étouffée : elle ne peut pas l'être ; mais elle est réduite aux influences morales qui l'accompagnent toujours. » Au lieu de s'appuyer sur un privilège légal ou sur l'emploi pur et simple de la force, les inégalités naturelles se traduisent d'elles-mêmes à la faveur de la liberté. L'intérêt bien entendu se substitue à la contrainte, la persuasion remplace l'obéissance et la crainte, l'estime et le respect prennent la place du privilège, et M. Stuart Mill a raison de dire que, sous le régime du suffrage égal et universel sincèrement pratiqué, « toutes les influences sociales agiront politiquement dans toute la mesure de leur valeur réelle. »

Que se passe-t-il en effet dans une démocratie libre lorsque le pays est appelé à donner son avis sur ses affaires ? Les citoyens se décident-ils dans la solitude de leur conscience et dans l'indépendance de leur raison ? Ferment-ils l'oreille à tous les conseils, à tous les avertissemens, à toutes les exhortations, à toutes les influences étrangères, pour mieux écouter la voix intérieure qui leur dicte le choix de leur opinion ? Les électeurs doivent-ils se prononcer comme des philosophes qui examinent une question de métaphysique ou comme des moralistes qui méditent sur un cas de conscience ? A supposer même qu'ils en eussent le loisir et la capacité, les résolutions du pays seraient alors bien lentes sans peut-être en devenir plus sages, et les événemens auraient le temps de s'accomplir avant que ce long travail fût achevé. Non, ce n'est pas ainsi que peuvent et doivent se former au sein d'un pays libre les résolutions de l'opinion publique. Il faut qu'elles soient rapides, improvisées, instantanées, comme les événemens eux-mêmes, et c'est le concours des intelligences, la liberté de la discussion, la mutuelle communication des idées, qui suppléent à la maturité, à la sagesse, à la science politique, dont la plupart des membres du corps électoral sont à peu près dépourvus. C'est par l'échange des opinions, par la diffusion des lumières, par la contagion des

Ernest Duvergier de Hauranne

croyances, par l'autorité qui s'attache à l'expérience, à la moralité ou même à une position supérieure, par l'empire insensible des intérêts et des habitudes, que se produit le concert des volontés individuelles. Toutes ces influences naturelles et légitimes s'exercent librement sur le terrain nivelé de la démocratie quand elles ne sont pas emprisonnées par les barrières artificielles qu'y élève un pouvoir jaloux. Il se forme alors des groupes d'électeurs qui ont des intérêts ou des croyances semblables, qui se conforment au même programme, et qui obéissent aux mêmes chefs. Les citoyens prennent l'habitude de s'entr'aider et de s'unir ; le plus fort vient au secours du plus faible, le plus riche assiste le plus pauvre, le plus ignorant se laisse guider par le plus sage. Chacun apporte sa contribution à l'œuvre commune, chacun obtient dans cette espèce de communauté passagère la place qui convient à son caractère, à sa position ou à ses services. Il en est des influences sociales comme de la lot d'attraction qui gouverne les corps célestes et qui les maintient dans une dépendance mutuelle sans les priver de leur action propre. Les petites planètes deviennent les satellites dès grosses et se laissent entraîner dans leur orbite ; de même les petites existences et les petits intérêts se laissent attirer par les grandes puissances, se rassemblent et s'amassent autour d'elles, prennent l'habitude de leur faire cortège et de partager leurs opinions, comme ils s'associent à leur fortune. Il n'est pas besoin d'intimidation ni de violence pour que ces légitimes influences se fassent sentir dans la société : il leur suffit de la seule force morale qu'elles puisent dans la persuasion et dans l'exemple. Est-ce que le chef d'industrie, lorsqu'il est honnête, a besoin de promesses ou de menaces pour obtenir une grande influence sur le vote des ouvriers qu'il emploie ? Est-ce que l'homme riche et éclairé, le grand propriétaire agriculteur dans les campagnes, le grand industriel dans les villes, n'exerce pas une action considérable sur les opinions de ses voisins ? Est-ce que l'ascendant moral du magistrat, du prêtre, de l'orateur, de l'écrivain célèbre, n'est pas un pouvoir social qui s'ajoute au pouvoir légal et qui en augmente la valeur ? Et non-seulement un sacerdoce, une fonction publique, une réputation politique ou littéraire, mais l'âge, l'autorité du père de famille, l'expérience de l'homme mûr et exercé aux affaires, l'honnêteté connue qui inspire la confiance, la conviction qui persuade et qui anime, sont des puissances naturelles qui agissent sur l'esprit des hommes. C'est surtout dans la démocratie que cette parole de M. Stuart Mill devient vraie : « un homme qui a une croyance est un pouvoir social égal à quatre-vingt-dix-neuf qui n'en ont pas. »

Non, il n'est pas nécessaire de confirmer ces supériorités naturelles en y attachant un privilège, qui est toujours plus ou moins arbitraire, et qui les expose infailliblement à la jalousie du peuple. Il faut les laisser se faire leur place elles-mêmes, et les accoutumer avoir dans l'influence qu'elles obtiennent, non pas un droit de leur nature, mais une récompense de leurs efforts. Elles sauront bien d'ailleurs se faire rendre justice le jour où elles voudront s'en donner la peine. Il n'y a pas de démocratie si effrénée, pourvu seulement que tout le monde y soit libre, où les sentimens conservateurs n'acquièrent une grande puissance, lorsqu'ils consentent à descendre dans l'arène et à disputer la domination de la place publique aux passions violentes qui ordinairement s'en emparent. Lors même que les classes qui représentent dans la société les principes conservateurs se tiennent à l'écart des affaires publiques, le seul poids des intérêts groupés autour d'elles suffit quelquefois pour faire pencher de leur côté la balance des volontés populaires. Il n'y a pas de démagogie si aveugle et si obtuse où les saines idées ne pénètrent quand elles sont prêchées avec franchise et défendues avec courage. Ceux qui se défient de la démocratie et qui désespèrent de son avenir sont ceux qui redoutent les devoirs nouveaux qu'elle leur impose, et qui ne se sentent pas la force de se faire leur place eux-mêmes au grand jour de la liberté.

Le suffrage universel n'a donc pas pour résultat nécessaire la. souveraineté absolue du nombre et le règne exclusif de la force brutale. L'intelligence, la richesse, la volonté, la conviction, le patriotisme, tous les pouvoirs moraux ou matériels dont nous avons admis la légitime influence, se font respecter et reconnaître sans le secours d'aucun privilège, et l'équilibre des forces naturelles se trouve rétabli dans la pratique sans que les lois interviennent pour les répartir à nouveau sur le fondement artificiel d'une équité toujours boiteuse. C'est en ce sens que le suffrage universel, si faux et si mauvais qu'il puisse paraître dans son principe, doit être considéré en définitive comme le mode de suffrage le plus équitable et le plus naturel. Tout en affichant la prétention de corriger les inégalités qui existent naturellement entre les hommes, il les respecte au contraire mieux que tout autre, car il n'entreprend ni de les classer, ni de les régir, et il les laisse s'exprimer comme elles l'entendent et comme elles le peuvent. Il ne risque ni de les diminuer, ni de les grossir, ni de les protéger outre mesure, ni de leur nuire injustement. Le suffrage universel est comme un champ de courses ouvert à tout le monde sans conditions : le point de départ est le même pour tous, mais les uns vont à pied, les autres à cheval, d'autres en voiture, quelques-uns même se font porter par leurs compagnons, de manière que les chances du combat sont matériellement fort inégales. Il peut arriver quelquefois qu'un hardi coureur dépasse un cavalier porté par un cheval vigoureux ; mais l'avantage reste ordinairement au concurrent le plus habile et le mieux monté.

On voit que le suffrage universel n'étouffe aucune des influences qui se disputent l'empire des sociétés humaines, à moins cependant qu'on ne les enchaîne et qu'on ne leur refuse la liberté. C'est dans l'intérêt même des idées d'ordre et des principes conservateurs que la concurrence électorale doit être affranchie de toute entrave. Sous le régime du suffrage restreint, les intérêts conservateurs pouvaient se reposer à l'abri de leurs privilèges sans le secours de la liberté commune ; mais depuis que le niveau du suffrage universel a passé sur la France, cette liberté si calomniée devient leur seule défense, et ils se désarmeraient eux-mêmes en refusant d'accepter ses services. Puisqu'on a fait tomber toutes les barrières qui partageaient et protégeaient autrefois la société politique, il faut qu'à cet esprit de réglementation mesquine qui limitait et parquait, pour ainsi dire, les droits et les libertés des citoyens succède un esprit libéral et large, digne en tout point des idées nouvelles auxquelles s'est converti notre temps. Il faut que dorénavant l'on comprenne que les affaires publiques sont celles de tout le monde, qu'il est permis de s'en occuper à tout propos et à toute heure, et que chacun doit avoir le droit de mettre au service de ses opinions ou de ses intérêts politiques tout ce que la nature et la société réunies lui ont donné de puissance et d'autorité sur ses semblables, à la seule condition d'en user avec loyauté. Il faut que le prêtre dans son église, le professeur dans son école, le magistrat dans son tribunal, aient le droit d'émettre un avis sur les affaires publiques, et un avis souvent contraire à celui du gouvernement qui les nomme, sans qu'aussitôt l'on crie à l'ingratitude et à l'usurpation ; il faut que l'on permette au fabricant, au cultivateur, au commerçant, au propriétaire, d'agir par ses conseils sur l'esprit de ceux qu'il emploie ou dont l'existence dépend de la sienne sans qu'on l'accuse de corruption et de violence ; il faut que l'écrivain puisse user librement de sa plume, l'orateur assembler ses voisins sur la place publique et leur parler librement des hommes et des choses sans encourir le reproche de diffamation, de calomnie, d'outrage envers le gouvernement ou envers les personnes, et sans aller expier sa faute imaginaire sous les verrous d'une prison. Il importe que toutes les barrières tombent, que toutes les chaînes soient brisées, que l'air et la lumière circulent partout, et que le mal même, s'il le faut absolument, puisse se produire sans danger à côté du bien. Ces excès, toujours si redoutables sous le régime du privilège ou du bon plaisir, quand ils se produisent à la faveur d'un silence universel et sans éveiller la contradiction qui les corrige, la liberté se charge d'en faire justice et de les châtier de ses propres mains. Elle étouffe les voix calomnieuses ou séditieuses dans le bruit de ses discussions pacifiques et régulières. En les dédaignant, elle les rend impuissantes, et elle habitue le peuple à son tour à les entendre sans s'émouvoir. Assurément nous ne voulons pas dire que la liberté ne puisse donner lieu, comme toute chose, à des excès et à des abus regrettables ; mais pour que les bonnes influences soient toujours certaines de triompher, pour qu'elles n'emploient jamais que des moyens légitimes, pour que leur empire ne soit pas le résultat d'un accident ou d'un caprice, pour que jamais on ne les soupçonne d'escamoter le vœu populaire et de ne maintenir leur autorité que par la force, il faut que les mauvaises soient au moins aussi libres que les bonnes. C'est à cette condition seulement que le suffrage universel déjouera les espérances qu'il inspire à ses adversaires, et fera mentir les craintes que ses amis eux-mêmes ont encore trop de raisons de concevoir pour son avenir.

La démocratie porte en elle-même son remède, pourvu qu'on lui donne là liberté, non pas cette liberté timide et avare, accordée de mauvaise grâce, appliquée avec terreur, défendue pièce à pièce et abandonnée lambeau par lambeau avec la défiance et le chagrin

Ernest Duvergier de Hauranne

d'un regret à peine déguisé, hérissée d'ailleurs de restrictions et de menaces qui en feraient un piège plutôt qu'une arme pour ceux qui essaieraient de s'en servir, — non pas cette liberté d'exception et de circonstance dont l'exercice intermittent ne reparaît qu'à de longs intervalles, — non pas enfin cette liberté qui pourrait se comprendre sous un régime d'aristocratie ou de privilège, et qui est un non-sens au sein de la démocratie moderne, — mais la liberté vraie, la liberté pleine, égale pour tous, mise à la portée et sous la main de tous, fondée, si ce n'est avec le nom, du moins avec l'esprit du droit commun, la liberté que la loi s'efforce de rendre facile, au lieu de semer son chemin d'embarras et d'obstacles et de lui imposer, en l'émancipant, le harnais de la servitude, en un mot la seule liberté qui convienne à un pays de suffrage universel. C'est un lieu commun très répandu et très accrédité parmi nos têtes sages que la liberté doit décroître en raison même des progrès de la démocratie, qu'il faut lui mettre plus d'entraves à mesure qu'elle devient plus forte, et, pour nous servir des paroles mêmes de l'homme d'état qui représente le mieux ces timidités conservatrices, « qu'il faut à ce courant démocratique si large un plus fort contrepoids que par le passé. » Ne nous arrêtons point à examiner si l'on a le droit d'invoquer de tels prétextes contre les libertés qu'on veut proscrire, quand on a contribué plus que personne à ouvrir un lit plus vaste au torrent dont on veut contenir les ravages. Attachonsnous à l'idée elle-même, et voyons si ce n'est pas là encore un de ces sophismes spécieux qui aveuglent un pays sur ses besoins véritables et le condamnent à tourner éternellement dans le cercle vicieux de l'impuissance et de la peur. Autant vaudrait dire qu'un homme adulte et arrivé à sa pleine croissance respire moins d'air et occupe moins de place que ne le fait un enfant, que la voile à peine suffisante pour faire mouvoir une petite barque sur les eaux calmes d'un lac mettra en péril un gros navire voguant sur la grande mer.

Si tel était le contrepoids nécessaire du suffrage universel, qui ne préférerait cent fois une aristocratie vivante, agissante et libre, à cette démocratie étiolée, abâtardie, desséchée comme une momie sous les liens du pouvoir absolu ? La liberté dans le gouvernement populaire, c'est l'air respirable qui entretient la vie, c'est la flamme qui réchauffe et renouvelle le sang corrompu. Refuser à la démocratie ce premier de tous les alimens, la gorgeât-on d'ailleurs

II. Le suffrage universel

de jouissances et de richesses, c'est la condamner à une asphyxie lente et à une fatale décrépitude, c'est perpétuer la maladie dont on a entrepris la guérison. Bien loin qu'il faille rien retrancher aux libertés des régimes passés, elles ne peuvent plus aujourd'hui suffire aux nécessités de la société nouvelle. Il faut un levier plus puissant pour mettre en mouvement les masses populaires que pour entretenir une activité superficielle dans la classe étroite qui s'appelait autrefois le pays légal. La voix qui se fait écouter sans peine dans l'enceinte d'une assemblée ou d'un théâtre se perdra dans le tumulte et dans l'immensité de la place publique. Sans doute on conçoit l'étonnement et presque l'épouvante de l'orateur accoutumé à parler devant un sénat discret et sage, et qui se trouve jeté tout d'un coup face à face avec une multitude innombrable et inconnue ; mais, s'il a la ferme volonté de dominer son redoutable auditoire, s'il a confiance dans l'honnêteté de sa cause et dans la puissance de ses convictions, est-ce qu'il ne redoublera pas d'efforts pour se faire entendre ? est-ce qu'il ne provoquera pas ses adversaires à comparaître devant leurs juges et à lutter avec lui corps à corps en face du tribunal assemblé ? est-ce qu'il ne se fera pas assister par des amis énergiques et fidèles qui se répandront autour de lui dans la foule, propageant ses doctrines et répétant ses paroles partout où elles n'ont pas pénétré ? Mais si, au lieu d'enfler sa voix, il la contient et l'étouffe, si, au lieu de s'emporter contre l'obstacle et de le vaincre, on le voit balbutier, murmurer, perdre contenance et disperser les comices qu'il a convoqués lui-même, que pensera-t-on alors et que dira-t-on de lui, sinon qu'il a joué une triste comédie, et qu'il n'est pus fondé à se plaindre de l'ignorance ou de l'injustice du peuple, quand il n'a pas eu le courage de se fier à son bon sens ? Tel est cependant le portrait de cette liberté étranglée à laquelle on prétend que l'avènement de la démocratie nous condamne. On ne veut pas comprendre que, sur cet immense forum qui couvre un pays tout entier, où plusieurs millions d'hommes délibèrent à la fois sans se voir et sans se connaître, il n'y a pas de vérité qui puisse se faire entendre, pas d'intérêt qui puisse se faire respecter, pas de droit méconnu qui puisse obtenir justice, sans employer, si j'ose ainsi dire, le porte-voix de la liberté. Le gouvernement de la démocratie, quand la liberté n'y règne pas entière, ressemble à un spectacle que des bateleurs donnent dans

Ernest Duvergier de Hauranne

une langue étrangère à une grande foule de peuple assemblé ; elle en aperçoit de loin la pantomime et elle en entend parfois le bruit confus, mais sans pouvoir distinguer les paroles ni encore moins en comprendre le sens.

Cette véritable liberté démocratique, sans laquelle il n'est pas de salut pour le suffrage universel, combien nous sommes loin de la soupçonner encore ! Nous croyons avoir beaucoup fait pour la liberté lorsque nous avons arraché à nos gouvernemens la faculté qu'ils s'arrogeaient d'étouffer l'expression de la pensée avant même qu'elle ne se fût produite. Quant à ces mille formalités qui entravent encore l'exercice de nos droits, quant aux obstacles matériels et pécuniaires qui en rendent l'usage si difficile, si dispendieux, quant à l'intimidation que font encore peser sur nous des lois draconiennes, on les regarde volontiers comme des épreuves salutaires et comme la légitime rançon de la liberté. On reconnaît aux citoyens le droit de se réunir et de s'entendre pour discuter les affaires sur lesquelles ils sont appelés à se prononcer ; mais on entoure ce droit de tant de restrictions et de menaces, on se défie à tel point de l'esprit de discipline et d'indépendance que pourrait contracter la démocratie dans le trop libre exercice de son autorité souveraine, qu'il n'est guère à espérer ni à craindre que cette liberté ait grande influence sur le tempérament du suffrage universel. En un mot, nous admettons volontiers la liberté politique en principe, mais nous faisons tout au monde pour en contrarier ou pour en paralyser l'usage. Or dans la démocratie la liberté n'est pas tant un principe qu'une nécessité sociale impérieuse, une condition indispensable de sécurité et de sagesse. Il ne suffit pas qu'elle effleure la surface du pays et qu'elle fasse jaillir de temps en temps quelques étincelles brillantes, mais sans flamme et sans chaleur : c'eût été bon peut-être sous ce régime du suffrage restreint qui nous inspire un dédain si superbe, et dont cependant la liberté serait pour nous un sujet d'épouvante. Il faut maintenant qu'elle descende jusqu'à nos entrailles, que la nation tout entière y soit baignée, qu'elle s'y retrempe et s'y rajeunisse, que chacun soit libre de parler et d'écrire, de rassembler ses concitoyens, de s'unir à eux publiquement, de former avec eux des associations permanentes, de publier son opinion de toute façon et à toute heure, sans avoir besoin d'implorer la tolérance d'une administration omnipotente

II. Le suffrage universel

ou de tricher avec les lois de son-pays. Il faut que la démocratie bannisse de chez elle ces formalités compliquées, ce cérémonial gênant et minutieux qu'on impose encore à la liberté, qu'elle la délivre de ces pénalités extraordinaires qui la terrifient et de ces charges exceptionnelles qui ne sont que des entraves déguisées. Est-il raisonnable ou seulement possible que, sous un régime qui met le peuple entier sur le trône et qui fait de chaque homme un souverain, le simple usage des libertés publiques soit une chose si dangereuse et si difficile que, pour essayer seulement de les exercer, il faille avoir beaucoup de courage, beaucoup de loisir et beaucoup d'argent ? Non, il ne peut pas se faire que la profession d'homme politique soit traitée dans une démocratie tantôt comme un monopole d'argent, tantôt comme une industrie insalubre ou honteuse. L'existence de la démocratie n'est possible qu'à la condition qu'elle nous donne non pas seulement, comme cela est trop aisé à dire, la liberté de droit commun, mais la liberté facile, usuelle et à bon marché.

À ceux qui contesteraient encore ces vérités si évidentes, et qui persisteraient à vouloir la démocratie sans la liberté, il n'y aurait vraiment plus rien à répondre, si ce n'est qu'ils veulent des choses contradictoires, et que les gouvernemens qui s'obstineraient dans cette erreur fatale ne tarderaient pas à en payer la peine. Ils ne trouveraient pas plus d'appui dans le suffrage universel au jour du danger qu'ils n'y auraient trouvé de résistance au jour de leur puissance et de leur prospérité. Cette foule si peu habituée à leur demander compte de leurs actes les verrait s'écrouler avec la même résignation ou la. même insouciance, et elle prêterait à leurs ennemis le même genre d'obéissance machinale, si encore elle ne se livrait, par je ne sais quel vague instinct de représailles, à un stupide emportement contre son idole abattue. La persévérance et la sagesse des peuples, leur fidélité aux gouvernemens qu'ils ont établis eux-mêmes, doivent se mesurer à la constance qu'ils déploient pour la défense de leurs libertés. Ceux qui n'ont pas assez de courage pour tenir tête au pouvoir quand il les opprime en ont rarement assez pour le soutenir quand il chancelle. Loin de redouter la liberté et le contrôle qui tiennent les nations éveillées, les bons gouvernemens ne devraient craindre que ce silence de la solitude qu'ils aiment à faire autour d'eux, et que, suivant la

Ernest Duvergier de Hauranne

parole de Tacite, « ils appellent la paix… » Imprudens surtout ceux qui, s'appuyant sur la volonté populaire, ont peur de l'associer continuellement aux affaires publiques, qui traitent la démocratie comme un enfant dénué de raison à qui l'on ne dit qu'il est le maître que pour lui faire mieux accepter son esclavage, qui la cajolent et la rudoient à tour de rôle, suivant qu'elle les flatte ou leur résiste, et qui s'étonnent après cela qu'elle ait encore les caprices, les aveuglemens, les faiblesses et quelquefois les fureurs d'un enfant gâté, qui se plaignent qu'elle soit ignorante, et qui ne permettent pas qu'on l'instruise, qui lui reprochent tous les jours d'être un sable mouvant sur lequel on ne peut rien bâtir de solide, et qui n'osent pas appeler franchement à leur aide cette grande puissance conservatrice qu'on appelle l'organisation des partis.

II

C'est là, nous le savons bien, un mot qui sonne assez mal dans notre belle langue française, où les mots d'autorité et de centralisation administrative ont au contraire un si grand charme et une si pénétrante douceur. Aux yeux de beaucoup d'hommes qui semblent cependant raisonnables, et qui très certainement sont animés d'une sorte d'instinct libéral un peu vague, mais extrêmement sincère, l'organisation des partis est une abomination monstrueuse, le symbole même de la tyrannie démagogique et révolutionnaire, un composé exécrable de l'anarchie et de l'usurpation. Dans ce pays où l'on se défie si peu de l'influence du gouvernement sur les citoyens, on croit avoir tout à redouter de l'action des citoyens les uns sur les autres. On voudrait anéantir toutes les influences locales ou privées, même toutes les influences générales et collectives, à moins qu'elles ne se produisent sous la protection administrative et avec le caractère officiel. C'est ce qu'on appelle protéger la liberté du citoyen et mettre chacun des membres de la nation souveraine en relation directe avec le gouvernement, son mandataire. Si quelque intermédiaire intéressé venait à se glisser dans leurs confidences, la sincérité de leurs rapports en serait, dit-on, gravement altérée, et il pourrait s'élever entre eux des malentendus qui fausseraient leur jugement. Toute

II. Le suffrage universel

la vie politique d'un pays libre doit donc se réduire, suivant cette théorie, à une espèce de dialogue intime entre le citoyen, souverain légitime, et le gouvernement, ministre de ses volontés. Le secret et la solitude sont la condition de notre indépendance. L'électeur ne pourra pas donner librement son suffrage, à moins qu'il ne demeure isolé dans son ignorance et dans sa faiblesse individuelle. L'idéal de cette liberté serait un cachot bien épais et. bien sombre où le geôlier viendrait de temps à autre demander les ordres de son prisonnier.

Nous l'avons déjà démontré, tel n'est pas le train des affaires humaines : ce captif éternellement enfermé dans ses méditations solitaires, si. même il avait le bonheur d'échapper à la folie ou à la stupidité finale, ne serait point assurément un souverain des plus éclairés. Qui ne voit d'ailleurs que dans ce tête-à-tête entre l'état, ce personnage si puissant, si florissant, si redoutable, et l'individu, chétif, maigre et désarmé, l'état peut trop aisément se donner raison ? Pour se défendre contre les entreprises de ce géant toujours vorace, les citoyens n'ont d'autre ressource que de se coaliser fortement. Aussi les démocrates éclairés d'à présent n'en sont-ils plus depuis longtemps à cette erreur surannée de l'école de Rousseau. Ce sont les conservateurs qui ont hérité de cette doctrine, et qui essaient de s'en faire une arme contre la démocratie moderne, sous couleur d'un zèle suspect ou tout au moins inattendu. Nous entendons tous les jours des hommes qui retireraient volontiers le droit de suffrage au peuple s'indigner de l'influence coupable et de la tyrannie des partis, qui attentent à sa liberté. Seulement, — et c'est là le secret de leur soudain enthousiasme pour l'inviolabilité de la conscience populaire, — ils entendent réserver à l'état toute l'influence qu'ils refusent aux partis. Ils n'hésitent pas à déclarer que l'état doit assumer la charge et la direction des consciences, que ce qui est violence et corruption chez les partis n'est plus de sa part qu'intervention paternelle et louable sollicitude, qu'enfin le gouvernement doit prendre chaque citoyen par la main, ou le pousser, s'il en est besoin, par les épaules, parce que tel est le seul moyen de ; discipliner la démocratie et de gouverner d'accord avec elle. A tous les maux de la société moderne » ils ne voient pas d'autre guérison que l'emploi direct ou déguisé de la force. Autant dire que la démocratie est une guerre sourde et permanente entre la caserne et les barricades, et qu'il vaut mieux la mener à coups de plat de sabre que d'avoir à la réprimer à coups de canon.

Il n'y a qu'un moyen pour assurer la paix au sein d'une société démocratique, c'est de permettre et de favoriser autant qu'on le peut la formation des grands partis politiques. On ne veut point parler ici de cette paix apparente' et silencieuse qui recouvre souvent des inimitiés profondes et qui est le bienfait comme le danger du pouvoir absolu. L'espèce de repas qui doit régner dans la démocratie n'étouffe en rien l'activité de ces luttes légales et régulières dont la salutaire agitation ne sert justement qu'à maintenir la paix.L'organisation des partis n'est ni la confusion ni la tyrannie ; ce n'est pas, comme on le prétend, l'organisation de la guerre civile ; ce n'est pas non plus une façon détournée d'imposer à la démocratie cette espèce de captivité universelle qu'on nous représente comme le seul moyen d'échapper à l'anarchie : c'est à la fois le résultat le plus heureux et la meilleure sauvegarde des libertés publiques, c'est la plus solide garantie de l'ordre et de la sécurité des pays libres ; c'est en un mot l'exercice naturel de l'instinct le plus utile qui ait été donné à l'homme, celui de se réunir à ses semblables et de travailler avec eux pour le bien commun.

Il y a en effet deux manières de faire régner la paix parmi les hommes : la première consiste à les enchaîner séparément et à leur interdire tout commerce, toute dispute, tout échange même bienveillant de services ou de paroles ; la seconde consiste à les réunir, à leur montrer leurs intérêts véritables et à laisser libre cours à leurs discussions jusqu'à ce qu'ils aient nommé des arbitres ou conclu eux-mêmes des conventions pacifiques. Dans le premier cas, l'accord est tout extérieur, et il doit cesser avec les causes matérielles qui le. main tiennent ; dans l'autre cas au contraire, il repose sur des besoins communs, sur des promesses mutuelles, sur un concert de volontés intelligentes. Le litige se poursuivra tant que les intérêts ne seront pas conciliés, mais suivant les règles établies par le consentement des parties. De cette façon, une sorte de légalité s'introduira dans leurs disputes, et ces ennemis que tout à l'heure il fallait enchaîner pour les empêcher d'en venir aux mains deviendront des plaideurs paisibles, tout occupés de gagner l'oreille de leur juge, c'est-à-dire la faveur de l'opinion publique. Grâce à l'habitude de délibérer et d'agir en commun, la passion de l'intérêt

II. Le suffrage universel

collectif remplacera celle de L'intérêt personnel, le sentiment du droit et de la discipline succédera à cette farouche indépendance primitive qui ne pouvait se dompter que par la servitude. Il se formera enfin au sein de cette foule d'abord confuse deux ou trois groupes appelés partis qui finiront par l'englober tout entière, qui se surveilleront, se contiendront incessamment les uns les autres, et qui, tour à tour vainqueurs et vaincus, remettront d'un commun accord le jugement des procès qui les divisent au tribunal suprême de la majorité.

Telle est l'histoire de tous les peuples libres, et c'est là le miracle fort naturel qu'une puissante organisation des partis est seule capable d'accomplir au sein de la démocratie moderne. Elle seule peut, sans confisquer les droits de la souveraineté populaire, sans porter atteinte aux libertés publiques, en s'appuyant au contraire sur ces libertés mêmes, imprimer à la démocratie cettedirection forte et sage qui est nécessaire à sa durée. Elle seule peut lui enseigner la persévérance, la modération, l'esprit de conduite, et introduire un ordre rigoureux jusque dans les plus libres manifestations de la vie nationale. Plus une démocratie est ignorante, capricieuse, inexpérimentée, inhabile à se conduire elle-même et à gouverner directement les affaires, plus il est nécessaire que l'organisation des partis soit indépendante et forte. Qui ne sait en effet que dans les armées la valeur personnelle des hommes importe moins que l'esprit de corps et l'habitude de la discipline, qu'il suffit d'avoir de bons cadres pour former rapidement de bons soldats ? Les partis sont comme des cadres qui enveloppent et soutiennent les citoyens dans la vie publique. Supprimez-les ou empêchez-les de naître, et la démocratie n'est plus qu'une poussière qui prend aisément l'empreinte qu'on lui donne, mais qui ne la garde pas plus d'une heure et qui se disperse au premier coup de vent. Le prestige d'une dictature fondée sur un grand nom, la lassitude générale qui succède toujours aux révolutions, la puissance d'un gouvernement qui a rassemblé sous sa main toutes les forces d'une nation, pourraient y maintenir quelque temps un ordre extérieur et une obéissance un peu machinale ; mais en face du parti du gouvernement, toujours organisé, toujours compacte, toujours armé jusqu'aux dents contre un ennemi souvent imaginaire, il n'y aurait rien que des factions obscures, incapables de guider l'opinion publique, impuissantes à

Ernest Duvergier de Hauranne

la rallier sous leur bannière, bonnes tout au plus dans l'heure du danger à ajouter par leurs divisions stériles à la confusion du pays. Si par malheur le colosse commençait à chanceler sur sa base, si la majorité, longtemps craintive ou confiante, commençait enfin à douter de sa force, faudrait-il donc qu'il entraînât la société tout entière dans sa ruine ? C'est ce qui arriverait infailliblement, si à la force armée du pouvoir on n'opposait la force morale des grands partis politiques, si à côté de l'organisation administrative et officielle on ne trouvait, pour ainsi dire, un gouvernement de rechange, prêt à succéder aux droits et aux devoirs de celui qui aurait succombé. Alors au contraire les gouvernemens auraient plus de solidité et de souplesse ; un changement de politique n'amènerait pas toujours le bouleversement des institutions nationales, et quand même la force des choses rendrait un pareil malheur inévitable, le pays saurait bien trouver dans l'organisation toujours vivante des deux ou trois partis qui le divisent de quoi échapper à ces redoutables interrègnes qui sont le grand danger des révolutions.

L'organisation des partis n'est pas seulement le correctif nécessaire des défauts de la démocratie, elle en est aussi le seul remède efficace, le seul qui suffise à la guérison. Tous les autres sont impuissans quand on néglige celui-là, et ils deviennent inutiles aussitôt qu'on l'emploie. De ce nombre est le système bien connu du suffrage à plusieurs degrés, idée certainement spécieuse et séduisante, et qui surtout paraît reprendre faveur depuis l'avènement du suffrage universel. Beaucoup d'esprits éclairés, appartenant pour la plupart à cette opinion libérale que les docilités de la démocratie n'effraient pas moins que ses violences, en sont venus à cette conclusion qu'une certaine hiérarchie électorale est le seul moyen qui nous reste pour ramener à la raison le nouveau souverain de la société moderne, sans cependant porter atteinte aux droits qu'on lui a reconnus. Nous ne saurions, quant à nous, approuver ce système, car nous pensons avec M. Stuart Mill que c'est là un de ces subterfuges fâcheux qui compromettent une cause sans la servir. Ce n'est pas à dire cependant que nous partagions absolument les préventions injustes de certains démocrates français qui regardent l'élection à deux degrés comme un piège tendu par la bourgeoisie aux classes populaires et comme une confiscation détournée de la

II. Le suffrage universel

souveraineté du suffrage universel. Ici encore nous nous entendons plus aisément avec les démocrates utilitaires et raisonneurs de l'école anglaise qu'avec leurs frères les démocrates sentimentaux du continent. Quand nous repoussons le suffrage à deux degrés, ce n'est pas que nous y découvrions rien de déloyal ou de perfide, c'est simplement parce que nous le croyons aussi inutile qu'inoffensif. Si les deux degrés pouvaient servir à discipliner la démocratie et à donner plus d'ascendant aux influences morales qui s'en disputent l'empire, ce n'est pas nous assurément qui ferions fi de cet avantage ; mais nous n'y pouvons voir qu'une de ces formalités vaines, un de ces rouages de luxe qui compliquent le mécanisme électoral sans en changer en rien le mouvement. Si la vie politique ne pénètre point jusqu'au fond du corps électoral, le suffrage universel, de quelque façon qu'on l'organise, ne peut pas être une institution sérieuse ni un appui solide pour les gouvernemens tirés de son sein ; il passera toujours par les mêmes alternatives d'obéissance machinale ou d'aveuglement furieux. Si au contraire le suffrage universel s'élève à l'intelligence de ses droits, s'il apprend à s'intéresser aux affaires publiques, comment croire qu'il ne veuille pas s'en occuper lui-même et sans accepter d'intermédiaires entre lui et ses mandataires élus ? Comment s'imaginer qu'il puisse jamais consentir à déléguer aux citoyens investis de la fonction du suffrage autre chose qu'une apparence de pouvoir paralysée par un mandat impératif ? Le vote à deux degrés ne sera plus alors qu'un procédé électoral sans inconvéniens comme sans avantages, une forme indifférente qui laissera leur libre jeu aux influences souveraines des grands partis organisés. Les électeurs seront choisis non pas en leur nom personnel, à cause de leur expérience ou de leurs mérites, mais comme membres de l'un des partis qui s'arment l'un contre l'autre. En acceptant le dépôt qui leur sera confié, ils s'engageront à en faire l'usage qui leur sera formellement prescrit. Ils ne seront plus que des serviteurs revêtus d'un titre honorable, des hommes d'affaires obligés de se conformer à la lettre au programme du parti qui les emploie. C'est ainsi que les choses se passent dans toutes les vraies démocraties. Aux États-Unis par exemple, où le vote à deux degrés subsiste encore pour l'élection du président, on n'entend pas dire que ce mode de suffrage altère en aucune façon la volonté nationale ; le second degré n'est qu'une pure cérémonie qui constate

Ernest Duvergier de Hauranne

et légalise le résultat déjà certain des élections. La démocratie, quand elle est vivante et forte, ne se laisse pas éluder par de tels subterfuges ; elle ne se laisse prendre à des filets aussi fragiles que lorsqu'elle est incapable de jouer dignement son rôle. Alors il n'est pas besoin d'employer le suffrage à deux degrés pour confisquer la volonté nationale et pervertir le vœu populaire. L'élection unique et immédiate offre pour cela des facilités suffisantes aux gouvernemens qui veulent s'en servir.

Le système des deux degrés pourrait donc tout au plus servir à ménager la transition toujours dangereuse du suffrage restreint au suffrage universel ; mais quand un pays en est arrivé au régime de la démocratie pure, ce serait une folie que de revenir sur les concessions déjà faites. Alors on ne peut plus espérer de salut que dans le progrès de la démocratie elle-même, dans l'énergique organisation des élémens conservateurs qu'elle renferme, dans le judicieux emploi des forces cachées qu'elle réserve à ceux qui sauront y faire appel. Il faut, comme le disait La Boétie dans son naïf et frappant langage, « pour fendre le bois, se faire des coings du bois même, » c'est-à-dire accepter la démocratie sans réserve et se fier hardiment pour tout le reste à la protection puissante de la liberté. Nous qui nous vantons d'avoir été les apôtres et les initiateurs de la liberté dans le monde, nous sommes peut-être le peuple qui en méconnaît le plus le bienfaisant caractère. La liberté a eu chez nous le grand malheur d'avoir l'échafaud pour premier trône. Trompés par les douloureux souvenirs de notre histoire, nous nous sommes habitués à la confondre avec ces violences révolutionnaires dont elle est toujours la première victime. Nous avons cessé de respecter en elle la gardienne paisible de nos intérêts et de nos consciences pour n'y plus voir qu'une puissance destructive et menaçante. Ses partisans les plus zélés en apparence ont contribué plus que personne à accréditer cette erreur funeste : ils en ont fait une déesse austère, reléguée parmi les orages et les précipices, et uniquement occupée à se venger de ses ennemis. La liberté, pour bien des Français, ne consiste pas à être indépendant dans sa personne et dans ses biens, dans ses opinions et dans son langage, à ne relever que de soi-même et des lois de son pays. Depuis qu'elle ne s'amuse plus à couper des têtes et à allumer des feux de joie avec le mobilier des palais, elle consiste

II. Le suffrage universel

à chanter *la Marseillaise*, à s'appeler « citoyen, » et à planter des arbres de la liberté remplacés dès le lendemain par l'écusson monarchique. Elle nous apparaît tour à tour comme une espèce d'instrument de torture et de macération glorieuse ou comme un carnaval populaire semblable à ces saturnales romaines où les valets et les maîtres changeaient de rôle pour quelques jours. C'est un intermède burlesque ou tragique entre deux gouvernemens éphémères, pendant lequel la société, campée sur des ruines, appelle à grands cris la venue d'un libérateur ou d'un maître.

Tout cependant n'est pas fait dans notre histoire pour donner une idée aussi injuste et aussi fausse de la liberté. A côté des souvenirs mauvais qui nous engagent à nous défier d'elle, elle nous en a laissé plusieurs que nous nous rappelons avec complaisance, et que les conservateurs eux-mêmes commencent à regretter un peu. D'ailleurs, pour qui sait voir et entendre, l'histoire même de nos malheurs et de nos vicissitudes passées n'est qu'une exhortation continuelle à la liberté. Poussés brusquement dans la démocratie par une secousse imprévue autant que violente, nous n'avons pas le temps de nous retenir sur la pente et de nous arrêter à moitié chemin. Il importe que nous improvisions en quelques années ce que nous aurions mûri pendant un demi-siècle ; il nous faut acquérir sans retard cette chose plus solide que les institutions les plus anciennes, plus sûre que les pouvoirs les plus forts et les mieux armés, cette chose utile à tous les gouvernemens du monde, mais indispensable à la démocratie, et que la liberté peut seule nous donner, — des mœurs publiques.

III

Malheureusement les raisons mêmes qui rendent désirable une liberté large et franche tendent aussi à éloigner l'opinion publique des idées libérales. C'est parce que nos institutions sont démocratiques que toutes les libertés nous sont nécessaires à la fois, et c'est pour cette raison même que la France conservatrice en a peur. Il y a quinze ans, elle se jetait dans les bras d'une dictature qu'elle suppliait de la sauver. Maintenant encore, s'il fallait l'en croire, on devrait ajourner éternellement la liberté. On dirait

Ernest Duvergier de Hauranne

qu'elle ne se sent pas le courage d'affronter le combat auquel la démocratie la provoque, et qu'elle a accepté sans le savoir le jour où elle a proclamé le suffrage universel.

Reconnaissons-le tout d'abord, la France est excusable dans sa faiblesse. Elle n'a pas reçu la démocratie tout à fait de son plein gré ; elle a été prise au dépourvu par des événemens qui l'ont dominée avant de lui laisser le temps de réfléchir. Elle a sauté dans le suffrage universel en fermant les yeux, elle s'est conduite un peu comme ce personnage de la fable qui se jetait dans la rivière de crainte d'être mouillé ; puis, effrayée de la puissance du courant qui l'entraînait, elle a eu recours à la dictature pour endiguer le torrent démocratique et pour l'enfermer dans de fortes écluses au risque d'en faire un marécage. Voilà pourquoi nous ne craignons pas de dire en face même de la démocratie que le suffrage universel a été établi prématurément. Nous n'en voulons pas d'autres preuves que la peur même qu'il inspire et la facilité avec laquelle on l'a dirigé. Si le droit de suffrage avait été véritablement la satisfaction d'un besoin populaire, la France ne l'exercerait pas avec tant d'apathie. Ce qui atteste l'existence du droit électoral, c'est la ferme volonté de l'obtenir et de le conserver. Ajoutons que, lorsqu'un peuple est mûr pour une réforme, il ne la laisse pas improductive et ne s'en dégoûte pas dès le lendemain. Or quel usage avons-nous fait de la faculté du suffrage depuis le jour où nous la possédons ? Comment avons-nous mis en œuvre ce principe de la souveraineté populaire, auquel nous nous croyons si passionnément attachés ? Sauf dans quelques grandes villes dont les habitans sont depuis longues années dignes d'entrer dans la vie politique, la France en général n'a guère usé de ses droits que pour les abdiquer entre les mains du gouvernement. A voir la négligence avec laquelle nous nous acquittons des devoirs que le suffrage universel nous impose, on se prendrait à penser que c'est là non point une de ces conquêtes. nationales qui sont le signe d'une vie politique plus abondante et plus large, le résultat d'un progrès nouveau dans les idées libérales, mais l'œuvre artificielle de quelques théoriciens absolus amoureux de la logique seule et de quelques enthousiastes élevés au pouvoir par la loterie des révolutions.

Certes il est pénible d'avouer que l'institution fondamentale de la société française, cette institution qui devrait être le couronnement naturel du progrès démocratique et libéral, n'a été établie que par un accident et par une surprise. Il est cruel de dire à ceux qui l'ont payée de leur sang que leur sacrifice est resté stérile pour la génération contemporaine. Il n'en est pas moins vrai que, le jour même où la démocratie fut fondée, la nation ne la voulait point encore, et que dès le lendemain de la révolution elle s'est mise à regretter ce qu'elle avait fait. Qu'est-ce donc qui a précipité la France avant l'heure dans cette démarche imprudente ? qu'est-ce donc qui l'a fait sortir de la voie libérale et sage où elle semblait engagée depuis trente ans ? La réponse, à notre avis, n'est pas douteuse, c'est la résistance maladroite et coupable de l'aristocratie d'argent, qui gouvernait alors la France, aux réformes démocratiques les plus insignifiantes et aux réclamations les plus modérées du parti populaire, c'est l'entêtement pusillanime d'un pouvoir trop orgueilleux, qui ne voulait rien céder à l'opinion du dehors, en même temps qu'il redoutait les innovations les plus inoffensives à l'égal des plus grands bouleversemens. Le suffrage universel est l'œuvre involontaire de la bourgeoisie de la restauration et de 1830, de cette bourgeoisie qui en 1847 repoussait la réforme électorale, qui acclamait en 1848 l'avènement de la démocratie républicaine, et qui trois ans après s'est jetée dans les bras de l'empire pour échapper aux conséquences de la révolution qu'elle avait provoquée.

A Dieu ne plaise que nous montrions de la colère ou de l'amertume contre une classe de la société française qui a eu l'immortel honneur de foncer et de faire régner pendant trente ans le gouvernement représentatif ! Mais, si c'est elle qui a fondé le gouvernement parlementaire en France, nous ne pouvons pas non plus oublier que c'est elle aussi qui l'a perdu. La bourgeoisie de 1830 ou plutôt celle de 89, dont elle était la légitime héritière, depuis le moment où elle est apparue sur la scène de l'histoire jusqu'à celui où elle a vaincu les derniers débris de l'ancien régime, a certainement déployé des qualités héroïques dont ses descendans ont lieu d'être fiers ; mais cette vertu, que l'adversité avait fait naître, s'est énervée, comme il arrive souvent, au sein d'une trop grande prospérité. La bourgeoisie avait lutté courageusement pour la liberté tant qu'elle était elle-même opprimée ou tant qu'elle se croyait menacée dans la possession de ses droits par ce fantôme d'ancien régime que la restauration a vainement évoqué contre

Ernest Duvergier de Hauranne

elle ; mais sitôt qu'elle s'est vue en pleine possession du pouvoir, elle a cédé à ce penchant funeste de tous les parvenus qui veulent jouir à leur aise. Elle s'est établie dans le gouvernement comme dans un pays conquis, se distribuant les titres, les traitemens, les places, les honneurs, étalant avec ostentation ses richesses récentes, aimant à se confondre aux rangs des aristocraties passées ou à les humilier de sa grandeur, toujours frondeuse par habitude, mais égoïste par position, et poussant l'esprit de conservation jusqu'au plus déplorable aveuglement. Sans doute tout n'a pas été stérile dans l'œuvre des dix-huit ans qu'elle a passés au pouvoir : elle a donné à la France une sécurité depuis longtemps inconnue, une liberté peut-être insuffisante, mais dont nous n'osons même plus demander le retour ; elle a surtout augmenté les ressources matérielles du pays sans le précipiter dans les désordres et dans les orgies de la spéculation. C'est son avarice tant raillée qui a jeté les fondemens de cette prospérité industrielle extraordinaire dont on a fait honneur au nouveau régime, et qui ne lui a pas été fidèle jusqu'à ce jour. Il y avait alors un mot qui peignait à merveille l'état de la France, et qui aurait pu être employé plus tard avec encore plus de raison : la bourgeoisie française était *satisfaite*, c'est-à-dire qu'elle voulait rester immobile. Elle craignait tout ce qui pouvait la troubler dans la jouissance de son repos. Si les puissances étrangères insultaient ou menaçaient la France, on voulait éviter la guerre à tout prix ; si le peuple impatient s'agitait au dehors et frappait à la porte du *pays légal*, on répondait dédaigneusement que la maison était pleine, et qu'on n'y laisserait plus entrer personne. On ne semblait occupé qu'à barrer la voie aux nouveau-venus qui essayaient d'en forcer le passage. La bourgeoisie oubliait qu'elle était elle-même issue du peuple et qu'elle s'y recrutait encore tous les jours ; elle s'habituait à le considérer comme une espèce de nation distincte dont il fallait comprimer les ambitions insolentes ; elle croyait éterniser son pouvoir en repoussant les envahissemens populaires et en refusant les concessions qui l'auraient sauvée. On vit trop bien alors qu'à l'exception d'une minorité courageuse et qui devait rester toujours fidèle dans la bonne ou dans la mauvaise fortune à la cause de la liberté, la bourgeoisie dite libérale de la restauration et du gouvernement de juillet n'était que le grand parti des parvenus de la révolution et de l'empire, alarmés un instant

II. Le suffrage universel

dans leur existence par le retour de l'ancienne monarchie de droit divin, endormis ensuite dans les satisfactions matérielles que la richesse procure. Voilà ce qui a perdu le régime libéral et sage que la révolution de 1830 avait inauguré pour la France. Plus on regrette la douceur de ce régime, moins on doit avoir d'indulgence pour ceux qui l'ont laissé périr entre leurs mains.

L'oligarchie étroite des électeurs censitaires à 300 ou à 200 francs ne pouvait durer qu'à la condition de s'élargir sans cesse. Insoutenable en théorie et en justice pure, elle pouvait du moins servir de point de départ à un progrès sage et continu. Il fallait faire comme l'aristocratie anglaise, appelant les classes moyennes à partager son pouvoir, comme les classes moyennes, émancipant à leur tour par degrés les classes populaires ; il fallait, par ces fréquentes infusions d'un sang nouveau, vivifier et fortifier graduellement le corps politique. C'est ainsi que l'avaient entendu les fondateurs eux-mêmes du suffrage restreint, quand l'école doctrinaire disait par la voix de M. Royer-Collard, son oracle : « Les incapacités ne sont ni personnelles ni définitives, elles ne sont que suspensives et temporaires ; » mais à partir de 1830 il sembla que l'oligarchie électorale, au lieu de s'étendre et de s'élargir suivant le vœu du pays, serrât chaque année ses rangs davantage et se montrât plus fière et plus dédaigneuse envers- ceux qu'elle avait exclus. Au lieu de se rapprocher du but, elle paraissait s'en éloigner tous les jours. Simple *plutocratie*composée d'élémens mobiles et grossie sans cesse d'hommes nouveaux, elle contractait tous les sentimens, tous les préjugés, toutes les prétentions étroites d'une aristocratie de naissance. Cette avant-garde de la démocratie, montée la première à l'assaut des privilèges, au lieu de tendre la main à ceux qui venaient après elle pour les aider à s'introduire dans la place, s'était postée d'un air menaçant sur la brèche, et avait pris l'attitude hautaine d'une arrière-garde de l'ancien régime. Assurément cette parodie d'un temps qui était passé pour jamais n'avait rien de bien redoutable pour l'avenir de la démocratie moderne. Faut-il s'étonner pourtant que le peuple ait pris en méfiance ces compagnons d'armes qui reniaient son alliance ? Faut-il s'étonner que les inimitiés des classes aient persisté dans un temps où elles n'avaient plus de raison sérieuse, et que le châtiment, comme toujours, ait de beaucoup dépassé la faute ?

Ernest Duvergier de Hauranne

Rudement réveillée par la secousse formidable qui termina son règne, la bourgeoisie se remit à l'œuvre, et la nécessité lui fit déployer de nouveau des qualités vraiment grandes. Sans autres ressources que celles qu'elle puisa dans son énergie, dans le sentiment de son devoir et dans l'imminence même du danger, elle sut conserver l'ordre au milieu de ce terrible bouleversement. Surprise par l'avènement du suffrage universel sans avoir eu le temps ni de protester ni de se recueillir, elle sut d'un jour à l'autre s'y accommoder, le discipliner, l'intimider par sa fermeté, le gagner par la persuasion, et à la fois s'en rendre maîtresse sans lui imposer aucune contrainte. Après les fluctuations inévitables qui suivent toujours les grandes commotions sociales, on vit le suffrage universel, à la faveur d'une liberté presque sans limites, envoyer à l'assemblée nationale une majorité de représentans conservateurs. On put même espérer que la république allait se fonder d'une manière durable ; mais, hélas ! la pure démocratie était alors trop contraire aux mœurs de la France. L'effort du premier jour s'épuisa vite ; la confiance se retira au moment même où la victoire était assurée. Tout en imprimant au suffrage universel une direction sage, on ne cessa pas d'en avoir peur. D'abord on n'avait songé qu'à se défendre ; dans le premier feu de la bataille, on n'avait pas eu le loisir de craindre. Quand la paix fut revenue, la réflexion revint avec elle ; la France mesura avec épouvante l'abîme où elle avait roulé, elle chercha partout un refuge, et elle n'en trouva pas d'autre que celui du pouvoir absolu.

C'est qu'alors en effet, pour ceux qui ne voulaient pas de la liberté, la dictature était le seul refuge, et aujourd'hui encore il n'y en a pas d'autre. Ceux qui se flatteraient de pouvoir échapper au gouvernement absolu sans accepter franchement la démocratie avec toutes ses conséquences les plus radicales, ceux-là sont dans une illusion bien grande et seront cruellement détrompés. A quelle tradition ou à quel système espèrent-ils donc se rattacher ? Nous avons encore chez nous beaucoup de préjugés et de rancunes, nous n'avons malheureusement plus de traditions. Nous ressemblons à un terrain ravagé où poussent beaucoup d'herbes folles et de rejetons obstinés et inutiles, mais que n'ombrage aucun grand arbre qui puisse nous servir d'abri. Nous n'avons plus qu'à y passer bravement la charrue, et à y répandre à pleines mains la semence

II. Le suffrage universel

de la démocratie future. Par quel coup d'état ou quel stratagème nos conservateurs espéreraient-ils encore se délivrer du suffrage universel ? Quel débris vermoulu du passé voudraient-ils exhumer pour mettre à sa place ? Par quelle maladroite restauration de l'ancien régime, par quelle invention nouvelle et chimérique pourraient-ils échapper aux lois de l'égalité moderne ? Est-ce par les listes de notabilité du consulat et de l'empire ? par les collèges départementaux de 1815 ? par les censitaires de 1817 ou de 1830 ? — Est-ce même par les trois journées de travail de la première assemblée constituante, ou par cette loi d'exclusion du 31 mai, si modérée, mais si compromettante et si inutile, que les assemblées de la seconde république ont essayé d'imposer à la démocratie dans l'intérêt même de son indépendance et de son honnêteté ? Qui oserait aujourd'hui rien proposer de semblable ? Tous ces systèmes ont été condamnés, soit par la raison, soit par l'histoire. Nous avons assisté à trop d'essais et d'avortemens de tout genre pour tenter de nous rattacher encore à quelqu'un de ces bâtons flottans. En moins de quatre-vingts ans, la France a traversé plus de douze lois électorales. Elle a passé tour à tour de l'absolutisme de la vieille monarchie au règne absolu de la démocratie, puis de nouveau la démocratie a fait place au despotisme du premier empire, et la liberté n'est revenue qu'à la faveur de l'oligarchie. Le suffrage universel a été appelé à voter des constitutions, à nommer des dictateurs et des dynasties, et il se voit encore interdire l'élection de ses magistrats municipaux ! Rien n'égale le désordre et la confusion de notre histoire, si ce n'est la mobilité et l'inconséquence de notre génie. Au lieu de nous cramponner timidement aux épaves des régimes détruits et de nous engloutir de gaîté de cœur dans leur naufrage irréparable, il faut nous jeter en pleine eau et tâcher d'y nager tout seuls. C'est ce que nous avons fait il y a vingt ans, au lendemain d'une guerre civile épouvantable, au milieu même des eaux troublées de la tourmente révolutionnaire, et cependant la France ne s'est pas noyée. A ceux qui ne seraient pas rassurés par le calme profond qui a succédé à cette tempête et que rien jusqu'à présent n'est venu interrompre, BOUS aurions alors le droit de dire : A quoi donc a servi votre remède, et que faisons-nous depuis dix-huit ans ?

Nous n'ignorons pas que cette mobilité même et ce désordre

de notre histoire inspirent à beaucoup de gens graves de folles espérances de réaction. A force de voir la politique de notre pays osciller sans cesse d'un pôle à l'autre, on a fini par penser que tout était possible en France, et que rien surtout ne pouvait résister au tranchant ou au pommeau d'un sabre. La convention n'avait-elle pas déjà proclamé le suffrage universel absolu ? et la restauration, vingt ans plus tard, n'en a-t-elle pas moins restreint sans résistance le corps électoral tout entier à 90,000 électeurs ? Qui sait, disent nos têtes sages, si l'avenir ne nous ménage pas un retour pareil ? Qui sait si un accident ne rétablira pas un jour ce qu'un accident a renversé ? C'est leur scepticisme même qui engendre leur confiance et leur incrédulité qui les porte à croire. Tristes et fragiles espérances que celles qui se fondent sur le hasard et sur le mépris qu'on a de son pays !

Nous ne croyons pas, quant à nous, à cette résurrection du passé. L'exemple de la restauration, qui éveille tant d'appréhensions et d'espérances, n'est ici qu'un anachronisme auquel il serait vain de s'arrêter. L'état de la France après le premier empire n'avait que des analogies superficielles avec l'état présent. Il faut avoir la franchise de le dire : Napoléon Ier, qu'on a qualifié de Robespierre à cheval, et qui avait, dit-on, organisé la révolution française, l'avait au contraire absolument étouffée. A la chute du premier empire, la révolution était comme nulle et non avenue au point de vue politique. Il n'en restait de traces que dans les lois civiles, dans le passage des terres des émigrés à de nouvelles mains, dans la nouvelle situation du clergé, mis à la solde du pouvoir civil, et dans l'avènement d'une nouvelle classe de privilégiés, d'une nouvelle noblesse tirée du sein de la roture. Du reste Napoléon ne visait qu'à remplacer et à rajeunir l'ancien régime en reconstituant une nouvelle féodalité militaire européenne sur les débris des vieilles monarchies. Son affectation singulière à se dire le successeur de Charlemagne prouve à quelles origines il aimait à se rattacher, quel régime il aspirait à fonder en Europe. Si sa puissance avait duré, s'il avait eu la sagesse d'accepter les propositions généreuses qu'on lui faisait encore à la fin de son règne, on n'aurait pas tardé à voir où il voulait ramener la société française, — à moins pourtant que la semence révolutionnaire qui était restée dans le sol n'eût fructifié de nouveau à la faveur de la paix, et n'eût rongé intérieurement les fondations de l'édifice

II. Le suffrage universel

impérial. Il n'a pas eu le temps de montrer au monde et à l'histoire quel admirable successeur avait trouvé en lui l'ancien régime, et combien il était digne de s'asseoir sur le trône de la vieille royauté française en posant sur sa tête le diadème des césars. Son œuvre de reconstruction monarchique est restée incomplète sous le rapport social ; mais au point de vue politique elle était pleinement terminée le jour de sa chute. Il avait anéanti la liberté sous toutes ses formes, il en avait effacé jusqu'aux dernières traces inoffensives, il en avait étouffé jusqu'au fond des consciences les secrètes velléités et les regrets impuissans. Il nous avait rendu en fait de liberté notre robe virginale, et, revenus à notre état d'innocence première, nous eûmes à recommencer notre apprentissage. Tout était à refaire et tout était remis en question.

Il n'en est point de même à présent. Le second empire, Dieu merci, ne nous a pas pétris aussi fortement à son image. Grâces d'ailleurs lui en soient rendues, il est bien loin de nous avoir ramenés à notre état d'innocence naturelle. Nous sommes des pécheurs pénitens qui ont humblement expié leurs fautes, mais qui n'ont pu rompre avec le vieil homme. Le péché a conservé en nous des attaches secrètes et obstinées. Pour avoir perdu le goût et Je regret de la liberté, nous n'en avons pas abjuré formellement les croyances. Nous n'avons pas cessé de rendre hommage au principe de la souveraineté populaire, alors même que nous cherchions à l'éluder ou à l'abattre. Une tradition libérale affaiblie, mais invaincue, a persévéré jusqu'à nous dans l'éclipsé même de nos libertés. Enfin, pendant que les classes moyennes s'engourdissaient dans leur bien-être, l'aisance et l'instruction qui pénètrent dans les classes populaires y élevaient peu à peu le niveau des esprits et des caractères. En un mot, rien n'a été fait pour accélérer le progrès des temps, mais rien non plus n'a pu l'interrompre, et nous pouvons dire sans vanité que la France de nos jours, bien qu'à moitié endormie encore, se trouvera, dès l'heure de son réveil, plus mûre pour la démocratie que la France de 1814 ou même celle de 1830.

La raison d'ailleurs en est simple et doit frapper tous les esprits. Le second empire ne voulait pas être la copie dû premier, et il ne pouvait pas, quand il l'aurait voulu, façonner aussi aisément la France à l'ancien moule impérial. Ses prétentions étaient plus bourgeoises ; ses titres à l'admiration et à la reconnaissance

Ernest Duvergier de Hauranne

du pays étaient d'un ordre plus modeste et moins imposant. Sa puissance, était moins surhumaine, pour ne pas dire plus faible ou plus douce. Autant la révolution de 1848 avait été plus bénigne que l'autre, autant la réaction devait à son tour être moins forte. Le second empire n'avait pas les compensations de la gloire militaire à offrir à la France pour lui faire oublier la liberté. Né seulement des discordes civiles, il n'avait pas le même prestige que s'il avait réclamé la dictature pour prix du salut de la France et de l'humiliation de l'Europe. Si quelques patriotes belliqueux ont cru qu'il allait nous rendre les jours brillans d'Austerlitz et d'Iéna, ils doivent être détrompés à l'heure présente. Ce n'était pas là ce que le pays demandait à l'élu du 10 décembre ; ce ne pouvait pas être, comme on dit, sa mission historique. Elle était contenue, ce nous semble, dans ces paroles mémorables et malheureusement trop oubliées : « l'empire, c'est la paix. » Sa plus grande faute, si jamais il en a commis quelqu'une, est d'avoir dévié trop souvent de ce programme encore si populaire. Couronné au lendemain d'une révolution qui avait fait beaucoup de bruit dans le monde, mais qui n'avait rien ébranlé ni rien détruit d'essentiel dans la société française, et dont le plus grand tort était d'avoir fait peur, — à peu de distance d'une monarchie pacifique et libérale dont les souvenirs étaient encore tout vivans, il n'avait rien à réparer ni à reconstruire, et son rôle naturel devait consister simplement à rassurer les intérêts follement effrayés. Le premier empire avait été la dictature de la gloire, le second devait être celle des intérêts matériels. Issu d'une république dont il se disait le continuateur, son principal mérite aux yeux de la France était de concilier la forme des institutions démocratiques qu'on n'osait abolir avec la profonde tranquillité dont on était alors si avide. Pour légitimer enfin sa dictature temporaire et pour la faire respecter du reste du monde, il ne lui suffisait pas d'avoir la force ou même l'assentiment silencieux de la France, il devait encore appuyer son pouvoir sur ce principe démocratique qu'il était appelé lui-même à contenir ; il devait lui faire dans ses institutions une place permanente afin de prouver qu'il n'était pas infidèle à son origine et qu'il ne craignait pas le regard du peuple. Le premier empire avait simplement supprimé les institutions représentatives, le second se contenta de les affaiblir et d'en diminuer le rôle. Le premier empire s'arrogeait

II. Le suffrage universel

lui-même hardiment la nomination des assemblées chargées de préparer et de voter les lois, le second se contenta de limiter leurs attributions et de s'emparer indirectement du pouvoir électoral. Là, où le premier empire commandait en maître, le second louvoyait et insinuait ; là où le premier empire tranchait avec son sabre, le second frappait tout au plus avec le plat de l'épée ; le premier gouvernait surtout par l'autorité militaire, le second par l'influence administrative. Voilà pourquoi le principe représentatif n'a pas été exilé de la société française, voilà comment la démocratie a pu subsister et grandir encore au milieu même de la réaction qui menaçait de l'étouffer.

La pratique du système représentatif semblait un peu fictive au début du règne, l'unanimité était acquise d'avance à tout ce que le gouvernement avait décidé ; mais les fictions, quand elles durent longtemps. finissent toujours par devenir vraies. Quoique réduite excessivement par les institutions du nouveau régime, l'influence des assemblées représentatives a suivi la loi de toutes les libertés politiques, *vires acquirit eundo*. La part que le gouvernement prenait dans les élections pouvait être exagérée ; mais il suffisait que les élections restassent nominalement populaires pour qu'elles tendissent sérieusement à le devenir, et pour que l'exercice de cette fonction souveraine prît à chaque fois une importance plus grande ; il suffisait que le principe fût conservé pour que déjà la réalité fût en partie reconquise. Lors même qu'il a consenti à se laisser museler et mener en laisse, le suffrage universel ne s'en est pas moins accoutumé à considérer son autorité comme un droit, il a même montré çà et là de quel esprit d'entente et de quelle énergie virile il serait capable le jour où son éducation politique serait faite, et où il aurait dans les mains l'instrument de la liberté. Il peut exercer mollement les droits qu'on lui a donnés, mais il ne souffrirait plus aujourd'hui que personne vînt ouvertement lui en contester la possession. Le suffrage universel a quelque ressemblance avec ces potentats asiatiques qui se laissent griser d'encens et de flatteries, et qui abandonnent volontiers la réalité du pouvoir à un favori devenu leur maître. Les gouvernemens qui voudraient l'endormir n'y parviendraient qu'à force de complimens ; ils devraient lui répéter tous les jours qu'il est l'unique souverain des sociétés modernes, que tous les pouvoirs découlent de lui seul, et que tous

Ernest Duvergier de Hauranne

doivent se retremper à leur source. Comment veut-on qu'il ne finisse pas par le croire et par se prendre lui-même au sérieux ? Si indifférent et si désintéressé qu'on le suppose, il doit s'attacher aux hommages extérieurs qui lui sont rendus. Il consentira peut-être à ce qu'on gouverne à sa place, mais à la condition que ce soit en son nom. Ce roi fainéant se révolterait, si, joignant les mots aux choses, on voulait le dépouiller des insignes de sa royauté.

L'établissement du suffrage universel nous paraît donc une chose définitive et irrévocable ; bien imprudent et bien téméraire qui tenterait aujourd'hui de le détruire ! Celui-là courrait de gaîté de cœur au-devant d'une ruine certaine, et il ne ferait que rendre service au suffrage universel lui-même en lui fournissant une occasion de montrer sa puissance. Bien plus, et c'est là ce qui doit paraître, sinon précisément étrange, au moins instructif et inattendu auxconservateurs effrayés qui ont fait l'empire, c'est l'empire qui, en patronnant et en prônant le suffrage universel, en s'en faisant, si j'ose ainsi dire, un instrument de pouvoir, a contribué plus que tout autre régime, plus que la république de 1848 elle-même, à l'enraciner sur notre sol ; c'est l'empire qui, à la grande confusion de ceux qui s'étaient jetés dans ses bras pour échapper à la démocratie, a consacré lui-même le principe fondamental de la démocratie moderne, et rendu inévitable l'application de toutes ses conséquences dans un avenir prochain. L'empire en effet n'a pas voulu étouffer violemment la démocratie ; il a voulu seulement retarder sa croissance et s'emparer de sa direction. Il n'a guère employé pour la contenir que des expédiens et des conseils ; or les expédiens ne réussissent pas toujours, et les conseils ne sont pas longtemps écoutés. Un jour vient où l'enfant le plus docile et le mieux séquestré du monde apprend à penser tout seul et à réclamer sa liberté. La tutelle étroite et minutieuse à laquelle on a soumis le suffrage universel ne l'empêchera pas de s'émanciper et de parler en maître.

Il y a des gens qui, à cette attitude indécise et relativement libérale du second empire, préfèrent la rude franchise et (qu'on nous passe le mot) l'héroïque brutalité du premier. Nous n'avons pas besoin de dire que nous ne sommes pas de ce nombre. Nous savons gré au second empire d'avoir fait de la démocratie sans le savoir, comme M. Jourdain faisait de la prose. Nous sommes même tout prêts à croire, pour peu qu'il le désire lui-même, qu'il l'a fait en pleine connaissance de cause et dans une intention patriotique. Nous consentons, si cela peut lui plaire, à saluer en lui l'initiateur de la démocratie française, et à lui promettre notre reconnaissance pour le jour où il aura terminé son œuvre. Cela nous donne lieu d'espérer qu'il ne tardera pas à nous rendre les libertés sans lesquelles la démocratie ne serait qu'un vain mot.

IV

Il nous est impossible de plaindre cette classe de conservateurs timorés dont l'empire a trompé les espérances. Si les événemens tournent contre eux, ils seront justement châtiés d'avoir sacrifié à leur repos égoïste la liberté de leur pays. Quand même la démocratie justifierait toutes les terreurs qu'elle leur inspire, quand même elle devrait les opprimer et les fouler sous ses pieds, la justice de l'histoire serait pour eux sans pitié. Un peuple se condamne lui-même lorsqu'il cherche son salut dans de tels remèdes. La morale publique n'aurait qu'à s'applaudir de l'impression salutaire que ce châtiment pourrait produire sur les nations qui seraient tentées de suivre notre exemple ; mais nous avons peine à nous élever jusqu'à cette hauteur philosophique où les considérations de patrie disparaissent : nous ne pouvons nous résigner à assister, les bras croisés et avec un désintéressement stoïque, à la ruine de notre pays. Il nous est impossible de ne pas souhaiter que la France se rattache franchement à la seule forme de gouvernement qui puisse encore lui convenir, et de ne pas. consacrer tous nos efforts à l'en rendre digne.

Si le danger était aussi grand que certains esprits chagrins aiment à le croire, la France, il faut l'avouer, jouerait un rôle bien ridicule et bien lâche. Elle ressemblerait à un navire en détresse dont l'équipage se laisse sombrer tranquillement, sans même avoir l'esprit de mettre une chaloupe à la mer, sans même essayer de se faire un radeau solide avec les débris du naufrage. Elle ferait comme une armée endormie dans son camp à l'heure même où l'ennemi la menace, et qui lapide, au lieu de se défendre, les hommes vigilans qui l'ont avertie. Nous ne voulons, quant à nous, ni contribuer, à

Ernest Duvergier de Hauranne

entretenir ces frayeurs puériles, ni montrer aucune indulgence pour ce volontaire aveuglement. Au risque de passer aux yeux des conservateurs pour des anarchistes et des démagogues, nous ne nous lasserons pas de leur répéter que la démocratie est le seul espoir de la France, et que le salut du pays est dans leurs mains.

Rien n'est plus faux que cet esprit de système qui attache *a priori* le bonheur ou le malheur des peuples à telle ou telle forme de gouvernement. Le sort des gouvernemens dépend encore moins de leur principe que de la manière dont on les pratique et dont on sait en tirer parti. Quand la bourgeoisie française se voile le visage au seul nom de la démocratie, elle est comme un homme qui fait un mauvais rêve et qui se cache la tête pour ne pas voir l'objet de ses terreurs imaginaires, tandis qu'il lui suffirait d'ouvrir les yeux pour le faire évanouir. Il est temps d'en finir avec l'épouvantail suranné du spectre rouge ; il est temps que la bourgeoisie française se lasse d'être dupée par ces conservateurs qui spéculent sur ses craintes et sont au fond ses pires ennemis ; il est temps qu'elle se décide à sortir du sac de Scapin.

Ce n'est pas l'avènement de la démocratie qui nous donne les plus grands sujets de crainte. Ce qui doit nous inspirer de plus vives alarmes que le règne définitif du suffrage universel, c'est le maintien de la confusion déplorable où la société française est tombée par le fait de ses révolutions trop fréquentes, et dont peut seule triompher l'habitude de la liberté ; c'est la contradiction qui partout s'y rencontre entre les idées et les choses, entre les principes et les mœurs, entre les institutions et les hommes ; c'est ce mélange incohérent de craintes et d'espérances, d'imprudences et de timidités, d'indulgences et de rancunes, de crédulités et de défiances, d'aspirations libérales et d'instincts dociles, — ce perpétuel conflit de sentimens et d'idées qui fait de notre caractère une espèce d'énigme, et qui jette tant d'obscurité sur notre avenir ; c'est enfin cette division sourde et cette secrète hostilité des classes, qui subsiste, dit-on, sous les apparences de l'union et de la paix. Interrogeons-nous avec franchise, tâchons pour un instant d'emprunter le regard impartial de l'histoire, et de nous considérer, s'il est possible, comme le ferait un étranger désintéressé de nos affaires et indifférent à notre pays. Qu'est-ce que la France à cette heure, et qu'y voyons-nous depuis un siècle ? — Un peuple qui fait des révolutions tous les quinze ou vingt ans quand il n'en fait pas plusieurs dans le cours de la même année, et qui le lendemain se laisse mettre des lisières sans résistance, en professant lui-même que cette tutelle lui est bonne, — qui se révolte contre la loi quand elle est indulgente et qui adore l'arbitraire quand il est brutal, — qui aime l'égalité à tel point qu'il lui sacrifie ses libertés les plus nécessaires et qui recherche toutes les distinctions avec une avidité puérile, — qui fait profession de mépriser la naissance et à qui rien ne coûte pour obtenir un titre honorifique ou un bout de ruban, — qui a horreur des privilèges, et dont l'unique ambition est d'en avoir, — qui se croit démocratique et qui se sépare en trois ou quatre classes ennemies, — où les castes à peine abolies se reforment d'elles-mêmes comme autrefois, — où le gouvernement, tenant son existence de la souveraineté du suffrage populaire, se croit en devoir de lui refuser toutes les libertés qui lui donneraient la vie. Et cependant ce peuple est brave, généreux, éclairé ; il a été pendant longtemps le foyer intellectuel du monde ; il a plus contribué que tout autre à répandre en Europe la semence des idées libérales ; il n'a pas renoncé encore à cet apostolat glorieux. Que sommes-nous donc enfin ? Il est temps pour nous de le savoir.

C'est un lieu commun établi et enraciné par l'usage que la France est une démocratie depuis la révolution de 89. « La démocratie, s'écriait Royer-Collard il y a bientôt quarante ans, la démocratie coule à pleins bords dans la société française. » On ne s'imaginait pas dans ce temps-là que le torrent pût rompre ses digues et en dépasser le niveau. Aujourd'hui cette opinion peut nous paraître plus fondée, et elle est devenue, comme tout ce qui nous touche, un de nos sujets d'orgueil national. On voit des hommes qui au fond du cœur n'ont aucune espèce d'affection ni d'estime pour les institutions démocratiques aller partout se glorifiant de ce que la France est la nation démocratique par excellence, le modèle et la terre promise de la véritable démocratie. — C'est là de leur part une prétention fausse et une dangereuse erreur. Comme l'a si bien compris le génie sagace de M. de Tocqueville, la société française de nos jours n'est pas une société démocratique ; c'est, chose bien différente, une société en révolution. Elle se transforme en démocratie, mais sa métamorphose est loin d'être achevée. On se trompe quand on dit que la France a pour passion dominante le goût de l'égalité : elle en a peut-être la passion, elle n'en a pas encore le respect. Ce qu'on prend chez elle pour un profond amour de l'égalité n'est encore qu'un sentiment d'envie et de jalousie haineuse contre quiconque est au-dessus de nous. Chaque classe pratique volontiers l'égalité au-dessus d'elle, mais le courage lui manque pour la pratiquer au-dessous. On ne se trompe pas moins quand on dit que la France a le culte de la souveraineté nationale, et que même dans ses égaremens elle fait passer avant toute chose ce principe supérieur et sacré. Ce que l'on prend chez nous pour le respect de la volonté populaire n'est que le désir conçu par chaque citoyen de s'élever lui-même au pouvoir ou d'y pousser ses amis, et de gouverner dans le seul intérêt de sa classe. Toutes nos révolutions ont eu jusqu'à présent ce triste caractère du soulèvement d'une classe contre une autre et de la conquête à main armée suivie de l'oppression des vaincus. Chaque classe d'ailleurs, à peine victorieuse de celles qui l'avaient opprimée, ne songeait plus qu'à se réserver leurs dépouilles, et à disputer les fruits de sa victoire aux ambitions que son exemple avait éveillées. L'esprit de conservation et l'esprit de conquête, l'égoïsme satisfait et l'avidité jalouse, le désir de se mettre à la place des autres et la peur de se laisser prendre celle qu'on occupe, ce sont les passions dominantes qui ont dirigé jusqu'à présent la politique de notre pays. La bourgeoisie a commencé par déposséder la noblesse, c'est le peuple à présent qui voudrait déposséder la bourgeoisie. En se substituant au pouvoir de l'aristocratie abattue, les classes moyennes se sont en même temps substituées à ses préjugés et à son orgueil. En détrônant à leur tour les classes moyennes, la classe qu'on appelle plus particulièrement le peuple a voulu aussi les humilier et les dépouiller. Nos divisions de parti ne sont guère au fond que des divisions de classes ; elles tiennent moins à nos idées qu'à l'argent que nous avons dans notre bourse ou à la couleur du costume que nous portons. N'avons-nous pas vu dans tous les momens de trouble la société française se diviser d'elle-même en deux factions ennemies, celle des blouses et celle des habits noirs ? Il faut nous l'avouer franchement pour tâcher d'y porter remède, le grand malheur de la France est qu'elle n'en a pas encore fini avec ces passions haineuses qui accompagnent toujours les grandes métamorphoses sociales. La seule question que tout le monde

II. Le suffrage universel

comprenne et dont tout le monde soit ému, la seule qui existe aux yeux de l'immense majorité de la nation française, c'est encore l'éternel combat de la richesse ou de l'aisance contre la misère ou la pauvreté. En fait de principes ou d'opinions politiques, la masse du pays ne connaît encore que la voix de ses appétits.

Non certes, une société pareille n'a pas encore le droit de s'appeler une démocratie. Nous concevons toutes les inquiétudes de ceux qui croient cette confusion éternelle et qui n'ont pas comme nous une confiance entière dans la puissance régulatrice de la liberté. Nous comprendrions qu'on vît avec douleur la souveraineté livrée à la multitude, si la multitude devait rester perpétuellement ce qu'elle était il y a vingt ans, ce qu'elle est peut-être encore aujourd'hui. Alors la société française finirait par se détruire de ses propres mains, le règne du suffrage universel ne serait qu'un continuel passage d'une subordination aveugle et moutonnière à des accès de licence anarchique, et la démocratie ; au lieu d'être pour notre pays un moyen de salut et de régénération morale, ne serait plus que l'instrument prédestiné de notre ruine. Tel n'est pas, tel ne peut pas être le sort de la France. Nous ne sommes pas encore une de ces nations à moitié mortes dont il faut se contenter de ralentir la décadence et de prolonger quelques jours la vie. Nous sommes une nation dont la croissance n'est pas encore achevée, qui n'a pas encore trouvé sa forme définitive, et qui ne peut rester éternellement dans l'état de crise où nous la voyons. Nous ne sommes pas encore une démocratie, mais nous tendons à le devenir ; nous sommes, pour ainsi parler, une démocratie *en formation*, et, s'il faut en juger par l'espace que nous avons déjà parcouru, par le chemin qui nous reste à faire, c'est moins que jamais le moment d'opposer au courant qui nous entraîne des barrières qui l'irriteraient sans pouvoir le contenir.

Faut-il s'étonner que la transition soit longue ? Est-ce que l'enfantement du nouveau régime pouvait se faire sans effort et sans trouble ? Vit-on jamais dans l'histoire transformation pareille à celle que nous avons subie depuis quatre-vingts ans ? Si humiliés que nous devions être de l'affaissement temporaire et de la décadence apparente de la France, nous ne pouvons pas fermer les yeux au progrès accompli. Il y a quatre-vingts ans, quoique miné profondément par l'esprit de la société nouvelle, le principe

Ernest Duvergier de Hauranne

de la monarchie absolue et de la propriété des rois sur les peuples était encore debout dans notre pays. Est-ce trop d'un siècle de révolutions pour passer du droit divin à la liberté démocratique moderne ? Les principes que les révolutions portent dans leur sein et quelles doivent un jour mettre au monde demeurent longtemps cachés sous les convoitises et sous les appétits qu'elles déchaînent ; ils ne se développent que par le jeu des passions naturelles au cœur de l'homme. Le mal lui-même a. sa place marquée dans ce développement providentiel des sociétés humaines, où rien n'est inutile au progrès. Les révolutions les plus justes et les plus heureuses dans leurs conséquences ont eu pour instrumens et pour auxiliaires les instincts les plus mauvais et les plus grossiers de la nature humaine. C'est par l'expérience et par le choc des intérêts contraires que les passions apprennent à se modérer, à se dominer, à se contenir, et que ce qui n'était que la satisfaction d'un appétit devient l'exercice régulier d'un droit. Qu'on ne s'effraie donc pas outre mesure des rancunes et des jalousies de classes qui divisent encore la société française. C'est par le chemin de l'envie que l'égalité pénètre et s'établit parmi les hommes, et l'envie des basses classes cesse d'être dangereuse le jour où les classes supérieures cessent elles-mêmes d'être défiantes et jalouses.

N'est-ce pas à elles d'ailleurs à donner l'exemple ? Comment mériteront-elles la confiance et le respect de la démocratie, si elles ne lui témoignent elles-mêmes que de l'aversion et du mépris ? Comment peuvent-elles s'étonner des injustes préventions de l'ignorance populaire, si elles nourrissent de leur côté contre les classes inférieures des sentimens de malveillance et de dépit à peine déguisés ? De quel droit peuvent-elles accuser les passions de la multitude, si leur richesse, leur expérience, leurs lumières, si la plus grande impartialité, que donne toujours une position plus haute, ne leur sert pas à s'élever elles-mêmes au-dessus des sentimens étroits qu'elles gourmandent chez leurs rivales ? Est-ce donc enfin la bonne manière de ramener le peuple à des idées sages que de lui répéter tous les jours qu'on désespère de son avenir, et qu'on le regarde comme un ennemi ? Prenons garde que nos classes moyennes, pour avoir eu trop peur de la démocratie, ne se rendent involontairement responsables de tous les excès qu'elle pourra commettre. Prenons garde que le jour où la puissance aura

II. Le suffrage universel

passé dans les mains du parti populaire, accoutumé par nous à ne respecter et à n'adorer que la force, nous ne venions en vain lui faire entendre le langage de la justice et de la raison.

Il est temps de changer de route, c'est l'intérêt particulier des classes moyennes comme l'intérêt général du pays, c'est le salut même de la France qui nous l'ordonne. Il faut en finir au plus vite avec cette période de transition, toujours si agitée, si douloureuse, si stérile. Il importe à la cause de l'ordre que notre démocratie naissante atteigne au plus tôt son âge viril, qu'elle entre en pleine possession d'elle-même, c'est-à-dire en pleine possession de la liberté. Nous voudrions que la France conservatrice, au lieu de se laisser traîner avec répugnance à la suite de la démocratie victorieuse, comme une esclave enchaînée au char du triomphateur, se mît bravement à la tête. du progrès libéral. Nous voudrions la voir agir au lieu de trembler et de dormir. Quand par hasard elle se réveille de la torpeur où elle est plongée, c'est pour jeter sur l'avenir un regard d'épouvante, c'est pour s'écrier que la société est perdue, et qu'il faut opposer au fléau de la démocratie cette résistance désespérée qui ne sert qu'à retarder les catastrophes sans pouvoir les prévenir. Elle ne voit pas que le danger est dans la terreur même qui la paralyse et dans la lâche inaction qui l'étiolé.

Oui, la bourgeoisie française est perdue, si elle persévère dans son insouciance et dans son inertie, si elle ne sait que tendre au pouvoir des mains suppliantes en l'implorant comme un sauveur, si au continuel progrès des classes populaires elle ne sait opposer qu'un désespoir stupide ou une résignation plus stupide encore ; si aux illusions et aux ambitions juvéniles de la démocratie elle ne répond que par l'emploi de la violence et par l'invocation du sabre, si elle s'en fait détester par ses provocations maladroites et mépriser. en même temps à cause de sa peur. Alors la démocratie la supplantera, lui passera impitoyablement sur le corps ; alors la bourgeoisie sera écrasée, à moins pourtant qu'elle n'aille au-devant de la servitude, et qu'elle ne tende elle-même le cou au joug de ce nouveau maître. Si au contraire elle envisage résolument l'avenir qui lui est réservé, si elle accepte la démocratie avec franchise, si pour la modérer elle sait lui emprunter ses propres armes, si elle renonce à. toute autre influence que celle de la justice et de la raison, alors, bien loin d'être perdue, nous osons dire que la bourgeoisie ne courra

Ernest Duvergier de Hauranne

plus aucun danger. Elle se rendra nécessaire à la démocratie, elle jouera le rôle auquel l'appellent naturellement sa position et ses lumières, le rôle de conseillère et de guide du peuple ; elle pourra même ressaisir par ce moyen une grande partie de son autorité perdue. Les classes moyennes ne sont pas si désarmées qu'il leur plaît de le dire pour justifier leur découragement et leur mollesse. Elles ont pour soutien l'immense majorité conservatrice de la France, et elles auront pour alliée la démocratie tout entière le jour où elles voudront combattre avec elle pour la revendication de nos libertés. Qu'ont-elles enfin de si précieux à perdre ? Que leur reste-t-il aujourd'hui à défendre qu'elles n'aient pas abdiqué d'avance en proclamant le suffrage universel, ? Nous connaissons déjà tous les inconvéniens du gouvernement populaire, nous n'en connaissons pas les avantages. Il faut choisir entre la démocratie avec toutes ses conséquences libérales et l'emploi systématique, indéfini, du pouvoir absolu, aboutissant d'abord à la suppression de toutes nos libertés, ensuite à une catastrophe qui serait le châtiment des classes moyennes.

Nous ne demandons pas même à la bourgeoisie de faire une profession de foi démocratique ardente et de jurer à la cause populaire un dévouement désintéressé qu'elle ne ressentirait point. Non, il n'est point nécessaire qu'à tant de faiblesses déplorables elle ajoute l'hypocrisie. Il suffit qu'en acceptant la démocratie elle en exerce les droits pour son propre compte, il suffit qu'elle sorte de l'inaction fataliste où elle s'est complu depuis vingt ans, qu'elle s'exerce aux luttes politiques qui lui furent autrefois familières, qu'elle recouvre en un mot son ancienne virilité. Si elle persiste à voir dans la démocratie moderne une ennemie irréconciliable et éternelle, que du moins elle apprenne à se défendre et à la combattre. Malgré l'apparente sécurité dont elle jouit à cette heure, la bourgeoisie ne trouvera pas toujours auprès d'elle un protecteur qui lui réponde de son salut. S'il est des pouvoirs assez imprudens pour faire aux nations de pareilles promesses, il n'en est pas d'assez forts pour contracter ces engagemens téméraires avec la pleine assurance de les remplir. Que la bourgeoisie ne l'oublie point, le jour n'est pas loin peut-être où il lui faudra défendre à son tour ceux qu'elle avait choisis pour la protéger. Les abandonnât-elle, après une si longue obéissance, aux conséquences irréparables

II. Le suffrage universel

des fautes dont elle est elle-même la complice, il faut toujours qu'elle apprenne à se soutenir de ses propres mains. Autrement elle n'aurait même pas le droit de se plaindre de sa ruine ; elle serait submergée sans résistance par k première marée révolutionnaire, et l'histoire ne se souviendrait d'elle que pour proclamer que c'était justice.

Il y a environ quinze siècles, le monde romain se débattait contre les barbares qui pressaient de tous côtés ses frontières. Les digues tenaient ferme contre le flot qui venait les assaillir, et l'empire se flattait, de pouvoir résister toujours. Les barbares étaient d'ailleurs ses alliés ou ses tributaires, et il comptait pour les retenir sur la terreur du nom romain ; mais ce n'était plus l'ancienne Rome, celle qui avait asservi et dominé le monde. A la vieille et forte race des sept collines étaient venues se joindre vingt nations englobées dans l'empire et admises successivement aux bénéfices du droit de cité. Au sein même de la ville impériale, le sang quiritaire s'était mêlé à celui des affranchis et des fils d'esclaves, descendans dégénérés des nations soumises, où il s'était délayé plutôt que rajeuni. Le peuple romain était puissant encore, mais il n'avait plus cette vertu virile qui est aussi nécessaire pour se conserver que pour s'accroître. Enrichi des dépouilles du monde et absorbé dans les jouissancesmatérielles, au lieu de veiller lui-même à sa défense comme aux jours de la liberté républicaine, il avait confié le soin de le sauver aux empereurs, chefs et favoris de l'armée. Ceux-ci le défendirent quelque temps avec leurs légions recrutées parmi les barbares, ils les établirent sur les terres de l'empire pour s'en faire des instrumens de domination et pour intimider leurs concitoyens, ils les comblèrent de titres et de richesses, de cajoleries et d'honneurs ; mais toute la discipline de ces mercenaires ne put tenir contre l'assaut des multitudes qui venaient se ruer l'une après l'autre sur la proie du monde romain. Le jour vint où les digues furent rompues et où l'inondation barbare se répandit tumultueusement sur l'Europe, pour la dévaster d'abord, ensuite pour la rajeunir et pour la régénérer.

Loin de nous la pensée de dire que l'état actuel de la société française ressemble à cette triste peinture de la décadence de l'empire romain ! Voilà pourtant ce que voudraient nous faire croire, si nous consentions à écouter leurs doléances, ces conservateurs

Ernest Duvergier de Hauranne

effrayés qui n'ont plus ni le courage de se conserver eux-mêmes, ni la sagesse de se résigner. C'est à ces classes bourgeoises paralysées par la peur, à cette Rome d'à présent, sénile et endormie comme l'autre, que nous voudrions crier de toutes nos forces : Il est temps de vous réveiller. La ligne du Rhin et du Danube est franchie ; les barbares sont entrés dans la citadelle, appelés par les empereurs. Les digues de la démocratie sont rompues, le flot s'avance lentement, mais sûrement. N'attendez pas qu'il vous surprenne dans votre lit. Levez-vous, marchez à sa rencontre, lâchez toutes les écluses, ouvrez tous les canaux de la vie publique, aidez vous-mêmes la démocratie à se répandre sur la société française, tâchez que cette inondation soit fécondante pour notre sol tant de fois ravagé. Ou bien, si vous persistez à la craindre, faites comme ces bûcherons qui repoussent un incendie par un autre, armez-vous pour la combattre des forces mêmes de la liberté. Ce que vous ne faites point par patriotisme ou par esprit d'équité, faites-le du moins par égoïsme et par intérêt bien entendu. Faites respecter en vous-mêmes les droits que vous avez méconnus, rétablissez à votre profit les libertés que vous avez détruites. Le temps viendra où ces libertés seront votre unique sauvegarde, et où vous serez trop heureux de trouver un refuge à l'abri de ces principes de justice que vous avez si imprudemment ébranlés.

II. Le suffrage universel

ISBN : 978-1533555397

www.ingramcontent.com/pod-product-compliance
Lightning Source LLC
Chambersburg PA
CBHW062016280526
45787CB00005B/2119